Lauf um dein Leben, Amir!

Yalcin Kilicer

Lauf um dein Leben, Amir!

IMPRESUM

Bibliografische Information der Deutschen Nationalbibliothek:
Die Deutsche Nationalbibliothek verzeichnet diese Publikation in
der Deutschen Nationalbibliografie; detaillierte bibliografische Da-
ten sind im Internet über http://dnb.dnb.de abrufbar.

© 2018 Yalcin Kilicer
Herstellung und Verlag:
BoD – Books on Demand, Norderstedt

ISBN: 978-3-7528-2445-2

Kapiteln

Olympische Winterspiele 2018

Amir durchblickt mit höchster Konzentration die schweigende Menge im Publikum der ausverkauften Gangneung ICE Arena in Südkorea. Noch ein letzter Blick zu seiner Trainerin und zugleich Mentorin Claudia Hummel, die sehr angespannt am Rande der Eisbahn steht und beide Hände mit zwei festgedrückten Daumen in seine Richtung streckt.

Dann schließt Amir seine Augen und das Einzige, was er jetzt noch in seinen Gedanken wahrnimmt ist die Stimme seines Vaters.

» Lauf um dein Leben, Amir! «

Mit dem Erklingen des ersten Musiktons öffnet dieser erst 23 jährige junge Mann mit der goldbraunen Hautfarbe, tiefschwarzen und gelockten Haaren, seine großen braunen Augen und fängt an loszugleiten. Amir hat sich für seine Kür das Lied

» Unstoppable «

von der australischen Sängerin Sia aus dem Jahre 2016 ausgesucht.

Im Takt zur Musik gleitet er zunächst langsam los, um anschließend parallel zu der ersten Tempoaufnahme im Lied zu beschleunigen. Dann setzt Amir zu seinem ersten Sprung, den Double Loop Jump, an. Er hebt seinen 65 Kilogramm leichten und 175 cm gewachsenen Körper mit einem leichten Schwung in die Luft und dreht sich zweimal in der Luft. Dieser erste Sprung gelingt ihm mit Bravour. Wofür er auch den ersten Applaus des Publikums erntet.

Das Überstehen der ersten Hürde, die Wahrnehmung der ansteigenden Stimmung aus dem Publikum und die Gewissheit des gelungenen Starts beflügelt Amir und er fängt an sich in einen Rausch zu gleiten.

Eine Figur nach der anderen meistert Amir ohne Fehler. Wobei er weiterhin gemäß dem Rhythmus des Liedes mal schneller und mal langsamer gleitet und dabei die jeweiligen Figuren und Sprünge mit technischer Perfektion vorführt.

Nun setzt Amir zu seinem letzten Sprung an, womit die Kür abgeschlossen und überstanden sein wird. Amir nimmt Anlauf und setzt zu einem finalen Sprung an. Er nimmt rasant Tempo auf und stützt sich mit dem linken Bein, während er mit dem rechten Bein den maximal möglichen Schwung aufnimmt und in die Luft abhebt. Mit dem Einzug des rechten Knies an seinen Körper beginnt Amir sich in der Luft zu drehen. Erste Drehung, zweite Drehung, dritte Drehung und dann die vierte Drehung mit gefolgter Landung auf dem rechten Bein, was mit einem filigranen Abschwung abgeschlossen wird. Im Einklang zu der Musik erhebt Amir zum Abschluss seiner Kür seinen rechten Arm und ballt seine Faust in der Luft und senkt dabei seinen Kopf leicht nach vorne. Somit hat Amir seine Aufführung ohne einen Sturz oder einen Fehltritt beendet.

Die Zuschauer in der Eissporthalle in Gangneung stehen auf und applaudieren Amir zu seiner herausragend und fehlerfrei aufgeführten Darstellung. All diese Menschen, die an diesem Tag in die Gangneung ICE Arena gekommen sind, wurden soeben Zeitzeugen des ersten vierfachen Axel Jumps bei den olympischen Spielen. Amir hat bei seiner ersten olympischen Teilnahme, als erster Eis-kunstläufer überhaupt, den vierfachen Axel Jump aufgeführt.

Vom tosenden Applaus begleitet, gleitet Amir zum Rande der Eisbahn, um sich zu Claudia Hummel zu gesellen. Sein starkes Atmen und sein sich mal nach vorne und mal nach hinten bewegender Kopf machen deutlich, wie kräftezehrend die Aufführung gewesen sein muss und lassen die Beobachter erahnen, wie erschöpft Amir sein muss.

Angekommen am Rande der Eisbahn, wird Amir von seiner heranspringenden Trainerin umarmt. Durch das Fallen lassen in ihre Arme macht sich eine Erleichterung bei ihm frei, das sein gelöstes Lächeln widerspiegelt.

Mit Spannung erwarten die beiden die Wertung der neun Punkterichter des Olympischen Komitees. Jetzt erscheinen die Bewertungen auf dem Monitor der Gangneung ICE Arena.

5.9, 6,0, 5,9, 6,0, 6,0, 6,0, 5,9, 5,9, 6,0 = 53,6 Punkte von möglichen 54 Punkten!

Das bedeutet die Goldmedaille für Amir Hammadi bei den Olympischen Winterspielen in Südkorea 2018!

Amir und Claudia fallen sich vor Freude erneut in die Arme und die Tränen fließen unaufhörlich. Amir schnappt sich die Flagge und springt auf das Eis. Er hebt die Flagge hoch, die zur einen Hälfte aus der irakischen und zur anderen Hälfte aus der deutschen Flagge besteht. Die beiden Länder; in dem einen sein Leben anfing und in dem anderen sein Leben neu begann.

Das Publikum würdigt den neuen Olympiasieger mit Standing Ovation. Amir kann es kaum glauben, dass all die harte Arbeit sich ausgelohnt hat.

Das einstmalige Flüchtlingskind aus Sulaimaniyya, Amir Hammadi, ist nun mit seinen jungen 23 Jahren Olympiasieger im Eiskunstlauf für Deutschland geworden.

Nachdem Amir seine Siegerrunde gedreht und sich vom Publikum seinen hochverdienten Applaus geholt hat, geht es wieder runter vom Eis. An der Seite warten bereits die übrigen Mitglieder der deutschen

Olympia Mannschaft und empfangen Amir mit begeistertem Jubel. Alle liegen sich in den Armen.

Anschließend nach dem Duschen und Umziehen geht es zur Siegerehrung. Auf dem Siegertreppchen steht Amir voller Stolz und schaut, wie die deutsche Flagge ganz oben hängt und die Melodie der deutschen Nationalhymne durch die Halle in Gangneung, Südkorea, schallt.

Nach der Siegerehrung geht es dann gleich weiter zu dem Interview mit dem Sender, der die Olympischen Winterspiele in Deutschland Live überträgt.

Nachdem die Pflichttermine und das Interview mit dem Sender beendet sind, wird Amir von der Journalistin Bianca Berger von der Zeitschrift Eiskunst für ein Exklusivinterview erwartet. Dieses soll in einem, hierfür reservierten, kleinen Nebenraum der Gangneung ICE Arena stattfinden.
Bianca Berger hat sich bereits vor den Olympischen Spielen einen Exklusivinterview mit dem als neuen Hoffnungsträger der deutschen Eiskunstlaufszene hervorstechenden und nun aktuell deutschen Olympischen Goldmedaillen Gewinner Amir Hammadi gesichert.

Für die 24-jährige Bianca Berger, die selbst noch am Anfang ihrer journalistischen Karriere steht, ist dieses Exklusivinterview zugleich das erste von ihr selbst geführte Interview. Dieses hat sie nach langen Bemühungen und durch die Vermittlung einer gemeinsamen Freundin, Aisha, arrangieren lassen können.

Nach der Begrüßung gratuliert Bianca Amir zu seinem großen Erfolg und bedankt sich für die Ermöglichung dieses Interviews. Amir erwidert
» Ist doch selbstverständlich, schließlich sind Sie extra für dieses Interview nach Südkorea geflogen. Ich habe mich bei Ihnen für Ihr Kommen und Interesse an meiner Person zu bedanken. Außerdem hat sich unsere gemeinsame Freundin sehr hartnäckig um diesen Termin bemüht. Und wenn Sie die Aisha so gut kennen wie ich, wissen Sie, dass sie stets ihren Willen durchsetzt. «

Begleitet von einem Schmunzeln deutet Bianca mit einem zustimmenden Nicken diese Aussage von Amir, ohne verbal etwas beizutragen.

Dann fügt Amir abschließend hinzu » Außerdem hoffe ich, dass Sie verstehen konnten, dass ich aufgrund der langen und intensiven Vorbereitungsphase keinen Interviewtermin mit ihnen einrichten konnte. «

Begleitet von diesen begrüßenden Worten nehmen Amir und Bianca auf den beiden Sesseln Platz. Außer den beiden Sesseln steht in diesem Nebenraum nur ein kleiner schwarzer Couchtisch, auf dem die von Bianca Berger organisierte Flasche mit stillem Wasser und zwei Gläser stehen.

Bianca Berger nimmt ihr Tonaufnahmegerät aus ihrer Tasche und platziert es auf dem Tisch, direkt neben ihrem Glas. Mit dem Betätigen des Aufnahmeknopfes beginnt das Interview mit Amir Hammadi.

Zu Beginn des Interviews möchte Bianca von Amir seine Gemütslage und seine aktuellen Gefühle wissen. Woraufhin Amir erzählt, dass er in diesem Moment selber immer noch nicht glauben kann, dass er es tatsächlich geschafft hat, die Goldmedaille zu gewinnen. Dann fährt er fort und erläutert, dass er eine unglaubliche Freude empfindet und, dass er vor seiner Anreise zu den Olympischen Spielen von so einem Erfolg nicht einmal geträumt hat.

Schließlich ist er mit dem Versuch des vierfachen Axel Jumps, ein enormes Risiko eingegangen und gesteht zugleich, dass er diesen Sprung zuvor nur zweimal ohne einen Sturz hinbekommen hatte.

Allerdings waren vor dem Finalauftritt Amir und seine Mentorin Claudia Hummel einer Meinung. So schnell kommt die Chance auf die Olympische Goldmedaille nicht wieder und ohne diesen Sprung würde dieser Traum wohlmöglich nicht in Erfüllung gehen. Schließlich war die Konkurrenz sehr stark.

Nach dieser zunächst zu erwartenden Frage-Antwort-Runde und der kurzen Wiedergabe seines Auftritts überrascht Bianca ihren Interviewgast und erzählt ihm von ihren Vorrecherchen bezüglich Amirs Lebensgeschichte. Die Recherche habe sie auf Anraten von Aisha betrieben und sie sei unabhängig von den Olympischen Spielen sehr beeindruckt von seiner Lebensgeschichte. Bianca bittet Amir um mehr Details.

Schließlich sei er in ihren Augen ein prägendes Beispiel für eine erfolgreiche Integration und zugleich Vorbild für die Millionen von Kindern und Jugendlichen mit Migrationshintergrund in Deutschland.

Amir antwortete mit einer zögerlichen Stimme. » Ich fühle mich geehrt, aber ich weiß nicht so recht. Ich will mir jetzt so eine Position in der Gesellschaft nicht anmaßen. Eigentlich bin ich nur ein Eiskunstläufer, der sein Leben lebt. Da gibt es hunderte sogar tausende anständige und hart arbeitende Menschen mit Migrationshintergrund in der deutschen Gesellschaft, die täglich ihrem Beruf mit Pflichtbewusstsein und Disziplin nachgehen. Für mich sollten eher diese Menschen die wahren Vorbilder der Kinder und Jugendlichen sein. «

Bianca hat das Gefühl, dass Amir zögert und nicht ganz abgeneigt für ein privates Interview scheint. Während Amir noch zögert, schiebt Bianca eine Anmerkung und eine weitere Frage nach.

» Nicht falsch verstehen, diesen Menschen gehört aller Respekt und Hochachtung zugesprochen. Ich meinte nur, dass Sie zusätzlich eine Funktion als Vorbild haben könnten. «

» Vielleicht können Sie uns auch in diesem Kontext erläutern, was Sie meinen, wenn Sie sagen, der Eiskunstlauf ist mein Leben! «

Tatsächlich brachte Amir diese Aussage fast in jedem seiner Interviews, was durch die Häufigkeit eher schon als eine eher unglaubwürdig und schlecht versuchte Liebeserklärung an den Eiskunstlauf klang.

Amir, dem der abgedroschene Ruf dieser Aussage bekannt ist, lächelt auf diesen letzten Einwurf von Bianca hin und willigt ein. Er fragt mit einem Schmunzeln

» Na gut, wo soll ich beginnen? «

» Von Ihrer Kindheit im Irak, Ihren Eltern und wie Sie zum Eislaufen kamen? «

Kindheit, Familie und Eislaufen

Amir Hammadi, geboren am 15.03.1995 in Sulaimaniyya im Nordosten des Iraks, ist das einzige Kind von Fatima und Mohammad Hammadi. Die damals wohlhabende Familie lebte in einem großen Anwesen außerhalb der Stadt Sulaimaniyya. Das Anwesen stand auf einem Grundstück, dass von einem ein Meter hohen Mauerwerk umgeben war.

Auf dem Grundstück befanden sich verschiedene Obstbäume und ein kleiner Garten in dem Tomaten, Zwiebeln und Gurken geerntet wurden. Neben dem Haupthaus befand sich eine große Garage, in der Mohammad Hammadi einen Oldtimer Cadillac neben einem Mercedes E-Klasse Baujahr 2000 stehen hatte.

Als eine wohlhabende Familie beschäftigten sie auch eine Haushaltsgehilfin und einen Gärtner, die lediglich tagsüber kamen. Mohammad und Fatima Hammadi legten Wert darauf, am Abend die Zeit für sich alleine als Familie zu haben und waren gegen eine Haushaltshilfe, die im Haus übernachten würde.

Amirs Vater Mohammad Hammadi, ein großer schlanker Mann mit schwarzen, kurz geschnittenen Haaren und braunen Augen, war ein tüchtiger und erfolgreicher Geschäftsmann. Er war ein Importhändler, der verschiedene Waren von Stoffrollen und Teppichen bis hin zu einzelnen Antiquitäten im Angebot hatte.

Diese vertrieb er sowohl als Großhändler an den regionalen Handel als auch in seinem eigenen Laden, der sich in einer Händlerstraße im Zentrum von Sulaimaniyya befand, einzeln an die Kunden.

Trotz des Embargos seitens der Vereinigten Nationen gegen den Irak hatte es Mohammad Hammadi geschafft, seine Geschäftsbeziehungen über die Grenzen des Iraks auszuweiten. Durch seine Beziehungen konnte er auch die eine oder andere Besorgung und Gefälligkeit für manche regierungsnahen und einflussreichen Personen machen. Dabei waren es in erster Linie westliche Güter, wie Rum und Zigaretten, die sehr begehrt und beliebt waren. Durch diese Gefälligkeiten konnte Mohammad Hammadi seinen Handel betreiben, ohne dass er dem Regime von Saddam Hussein ein Dorn im Auge war und dieses sich bei seinen Geschäften einmischte.

Amirs Mutter Fatima war eine bildhübsche und gebildete Frau. Sie war schlank und hatte schwarze lange Haare und braune Augen. Als Tochter eines ehemaligen hochrangigen Generals war sie in Bagdad aufgewachsen und konnte dort die Schulbildung an einem deutschen College genießen. Bedingt durch die traditionelle Veranlagung und den Erfolg ihres Mannes entschied sie sich Hausfrau zu werden. Dabei definierte sie sich eher als Dame des Hauses. Neben ihren häuslichen Verpflichtungen konnte sie ihr Interesse für die westliche Literatur fortwährend ausleben.

Ihr Mann Mohammad brachte Fatima bei jedem seiner Auslandsreisen immer neue Literatur mit und sie war neben der deutschen auch der englischen und türkischen Sprache mächtig. Diese Sprachkenntnisse versuchte sie ihrem Sohn Amir weiterzugeben.

Generell legten sowohl Mohammad als auch Fatima sehr viel Wert auf die Bildung von Amir. So konnte Amir bereits mit fünf Jahren lesen und schreiben und mit sechs Jahren bis Hundert zählen. Er konnte auch schon vor seiner Einschulung leichtere Plus und Minus Rechenaufgaben lösen.

Im September 2001 im Alter von sechseinhalb Jahren wurde Amir in einer privaten Grundschule angemeldet. Dort bekam er neben dem Grundunterricht auch zugleich Unterricht in Englisch und Deutsch als Fremdsprachen.

Da Mohammad bestens mit der westlichen Welt vertraut war, waren seine Interessen für Musik und Literatur ähnlich wie die seiner Frau. So konnten sie sich abends auch über die gelesenen Bücher unterhalten und so ihre gemeinsame Vorliebe zur Literatur ausleben.

Allerdings hatte das Ehepaar mit seinen Interessen einen Sonderstatus innerhalb seiner Verwandtschaft, was zu einer etwas distanzierten Beziehung zwischen ihnen und dem Rest ihrer Verwandtschaft führte. Viele ihrer Bekannten und Verwandten konnten auch nicht verstehen, dass Mohammad seine Frau bei ihrer Vorliebe für die fremde Literatur so unterstützte. Zumal diese in manchen Kreisen komplett abgelehnt und teilweise sogar als schändliche Teufelswerke betrachtet wurden.

Allerdings wurden auch andere seiner Vorlieben, wie auf dem Bergdorf Penj-win im Winter Ski zu fahren, als Schwachsinn abgetan. Dafür bekam er öfters Schmach von Verwandten und Freunden zu hören. Da allein die Vorstellung sich freiwillig auf einen Berg voller Schnee zu begeben, um zu frieren, für die meisten unvorstellbar und irrsinnig war. Schließlich waren Fußball und Basketball die einzigen Nationalsportarten, für die sich die hiesige Gesellschaft überhaupt begeistern konnte. Ausgerechnet für diese Sportarten zeigte Mohammad nicht viel Interesse.

Darüber hinaus waren für einige Bekannte und Geschäftsfreunde in Mohammads Umfeld auch die Beschaffungen und Gefälligkeiten für die regierungsnahen Personen eher ein Dorn im Auge.

Allerdings waren es genau die gleichen Personen, die ab und zu von Mohammad und seinen Kontakten profitierten. Was dazu führte, dass sie ihm eher öfters schmeichelten und ihre Meinung für sich behielten. Diese Situation war Mohammad sehr wohl bewusst. Allerdings wollte er die Leute weder vor den Kopf stoßen noch unnötig provozieren.

Schließlich musste er als Geschäftsmann und verantwortungsbewusster Vater und Ehemann seine Beziehungen zu den Menschen pflegen und konnte sich keine Fehltritte für unnötige Reibereien in der Gesellschaft leisten.

Mohammad und Fatima waren auch bestrebt, öfters mal ins Ausland zu reisen. Da der Lieblingscousin von Mohammad Hassan in Istanbul lebte, wurde dieses Ziel mindestens ein bis zweimal im Jahr bereist. Hassan, war zugleich auch Mohammad sein Geschäftspartner in Istanbul. Hassan betrieb einen Teppichgroßhandel in einen kleinen Laden im Großhändlerviertel von Istanbul in Sirkeci. Sein Hauptabnehmer war zugleich Mohammad war.

Obwohl Hassan alleine lebte, residierte er in einem schönen Vierzimmerapartment mit Meerblick, im Istanbuler Stadtteil Bakirköy. Aufgrund der Leidenschaft von Mohammad für das Skifahren unternahm die Familie Hammadi bei ihren Reisen nach Istanbul auch öfters mal einen Ausflug auf den Uludag, dem populärsten Skigebiet der Türkei.

Da Amirs größtes Vorbild sein Vater war, entwickelte auch er eine Vorliebe zum Skifahren. Im Alter von 3 Jahren bekam Amir schon seinen ersten Skiunterricht in Uludag. So konnte er schon mit 6 Jahren selbstständig Ski fahren und war vertraut mit der Kälte und dem glatten Untergrund.

Bei einem erneuten Besuch in Istanbul, im Frühjahr 2002, verfolgte die ganze Familie die olympischen Winterspiele in Salt Lake City vor dem Fernseher. Aufgrund der Zeitunterschiede zwischen den USA und der Türkei wurden diese zu später Stunde ausgestrahlt. Da die Familie im Urlaub war und Amir sich sehr für die Wettbewerbe interessierte, erlaubten ihm Mohammed und Fatima zu dieser späten Stunde wach zu bleiben, um die Live-Übertragungen mit der Familie gemeinsam anzuschauen. Allerdings unterlag Amir an manchen Abenden seiner Müdigkeit und schlief dann auf der Couch neben seinen Eltern ein.

Amir war begeistert von den Eiskunstläufern und schwärmte immer davon. Speziell der spätere Olympiasieger Alexei Yagudin aus Russland hatte ihn mit seiner Darbietung zu dem Film
» Der Mann mit der eisernen Maske «

begeistert.

Nicht nur Amir konnte der auf dem Eis fechtende Alexei Yagudin in seiner goldschwarzen Kleidung begeistern. Er hat mit seiner Darstellung damals, als erster Olympiasieger, von mehreren Preisrichtern die volle Punktzahl von 6 Punkten erhalten.

Amir ahmte Alexei Yagudin den ganzen Abend nach, indem er wie dieser durch die Wohnung von Hassan fechtend herum sprang. Amir redete auch davon, dass er gerne wie Alexei Yagudin sein wollen würde. Die Begeisterung von Amir brachte Hassan auf eine Idee. Am nächsten Tag nahm Hassan Amir in ein Einkaufszentrum in Bakırköy mit.

Amir wusste nicht, warum sie in dieses Einkaufszentrum gegangen waren. Hassan meinte nur, dass er eine Überraschung für ihn hatte. Nachdem sie in das Einkaufszentrum eintraten, gingen sie mit der Rolltreppe ins Untergeschoss des Einkaufszentrums.

Amir konnte seinen Augen nicht glauben, im Untergeschoss befand sich eine Eislaufbahn, auf der viele

Kinder mit ihren Eltern Schlittschuh fuhren. Amirs Freude und Begeisterung konnte man aus dem Funkeln seiner Augen deutlich erkennen. Dann fragte Hassan ihn, ob er nicht auf das Eis mochte. Begleitet von einem Freudenschrei umarmte Amir Hassan und bedankte sich vielmals. Er konnte es nun kaum abwarten, auf das Eis zu gehen. Doch Hassan sagte ihm, dass er sich noch kurz gedulden musste, da er noch eine weitere Überraschung für Amir hatte. Die beiden wurden von Hassans Freund Ali erwartet. Ali war ein ehemaliger türkischer Nationalsportler im Eiskunstlauf und zugleich der Betreiber der Eislaufbahn.

Hassan hatte Ali gebeten, Amir das Eislaufen etwas beizubringen. An diesem Tag brachte Ali dem kleinen Amir das Eislaufen bei. Bedingt durch seine Erfahrung und den Trainingsstunden auf dem Skigebiet, fiel Amir der Start nicht schwer und er entwickelte auf Anhieb große Begeisterung für diesen Sport. Dies konnte auch der überraschte Ali als Fachmann genauestens beobachten. Auch Ali sein Sohn Mehmet war da. Mehmet war genau wie Amir 7 Jahre alt und konnte durch seinen Vater und der ihm allzeit und gebührenfrei zur Verfügung stehenden Eislaufbahn für sein Alter schon fortgeschritten Schlittschuh fahren.

Ali stellte Mehmet und Amir sich gegenseitig vor. Trotz sprachlicher Barrieren versuchte Mehmet mit Hilfe der Körpersprache Amir zu zeigen, was er wie besser machen konnte. Bei dem einen oder anderen unbeholfen wirkenden Sturz von Amir fingen beide Jungs an zu lachen. Die Chemie zwischen den beiden passte so gut, dass sie auf Anhieb Freunde wurden.

Am Abend erzählte Amir seinen Eltern voller Begeisterung, wie großartig sein Tag gewesen war und dass er jetzt einen Freund namens Mehmet hatte, der ein sehr guter Schlittschuhläufer war.

Da Hassan nicht liiert war und keine Kinder hatte, wurde es manchmal sehr langweilig für ihren Sohn in Istanbul. Auch wenn Amir versuchte, es seine Eltern nicht spüren zu lassen, bemerkten diese, dass ihm ein Spielkamerad während ihrer Aufenthalte in Istanbul fehlte. So freuten sich Mohammad und Fatima über die Nachricht, dass Amir einen Freund gefunden hatte, umso mehr.

Amir war vom Eiskunstlauf und von der Freundschaft mit Mehmet so begeistert, dass ihm von da an keine andere Attraktion im Urlaub Amir mehr interessierte. Er wollte jeden Tag zum Einkaufszentrum und zu Mehmet. Es war unmöglich ihn umzustimmen. Da seine Eltern darin auch die Chance sahen, sich die zahlreichen Museen und Moscheen der Stadt in Ruhe und ausgiebig anzuschauen, fiel der Versuch Amir zu überreden eher glimpflich aus und sie drängten nicht stärker auf ihn ein.

So verbrachte Amir an den restlichen 10 Tagen im Urlaub immer mehrere Stunden pro Tag in diesem Einkaufszentrum bzw. auf dem Eis. Nach einer Woche konnte Amir sich ganz frei und bequem auf dem Eis bewegen. Mehmet der geübter war, konnte schon ein paar einfache Sprünge. Diese brachte er in den restlichen Tagen auch Amir bei. Amir, der offensichtlich ein Naturtalent für das Schlittschuhlaufen war, entwickelte sich sehr schnell.

Gegen Ende des Urlaubs war Amir schon so weit, dass er sich mit Mehmet duellieren konnte. So machte jeweils einer der beiden Jungs einzelne Sprünge vor und der andere versuchte es nachzumachen.

In diesem Jahr machte die Familie noch zwei weitere Reisen und im Frühjahr 2003 noch eine weitere nach Istanbul. Wobei diese für Amir schon festgeplante Ausflüge zu dem Einkaufszentrum und Mehmet bedeuteten. Amir verbesserte während seines Aufenthaltes in Istanbul und durch den ständigen Umgang mit Mehmet auch seine Türkisch-Kenntnisse und konnte sich mit seiner gebrochenen Aussprache relativ gut verständigen.

Zeitweise kamen Mohammad und Fatima Amir beim Eislaufen zuschauen und waren begeistert von seiner Entwicklung. An einem jener Tage, an dem seine Eltern ihm beim Eislaufen zuschauten, war Amir extrem bemüht, sein neuerlerntes Können zu zeigen.

Dann nahm Amir plötzlich Tempo auf und raste auf die Bande vor seinen Eltern zu. Fatima bekam einen Schreck, dass er mit voller Wucht auf die Bande prallen würde, und rief Amir zu

» Vorsicht! «

Kurz vor der Bande bremste Amir ruckartig ab und lachte seine Mutter aus. Sein Plan, seiner Mutter einen Streich zu spielen, ging voll auf. Mohammad schimpfte und fragte, was das sein soll. Und wenn er das nochmal machen würde, gebe es Eislaufverbot.

Auf diese Drohung von Mohammad folgte eine Reaktion von Amir, den so in dieser Form weder Fatima noch Mohammad kannten und erwartet hätten. Amir, der Angst bekam, dass er nicht mehr Schlittschuh laufen dürfte, erwiderte seinem Vater mit leicht erhöhter Stimme und sauer

» Nein, dass Eislaufen könnt ihr mir nicht verbieten. Das ist für mich das wichtigste auf der Welt! «

Und fügte in einem bereuenden Ton hinzu
» Außerdem war das doch nur Spaß? «

Während dieser Worte kam auch eine Träne aus seinen Augen geflossen. Was durch ein lautes Schluchzen begleitet wurde.

Mohammad und Fatima waren zugleich schockiert und erstaunt über die Reaktion Ihres Sohnes. Der zuvor nie die Stimme gegenüber seinen Eltern erhoben hatte und sonst eher als ein lieber und höflicher Junge galt.

In diesem Moment realisierte Mohammad auch, wie wichtig seinem Sohn das Eislaufen geworden war, und fragte
» So wichtig ist dieser Sport dir also? «

Amir antwortete ohne zu zögern, begleitet von einem Nicken mit
» Ja «

Wobei rauszuhören war, dass diese Antwort von seiner noch bestehenden Angst begleitet wurde, dass sein Vater seine Drohung in die Tat umsetzen würde.

Mohammad gefiel die Haltung und Entschlossenheit seines erst noch siebenjährigen Sohnes und er fuhr mit den folgenden Sätzen fort:

» Dann möchte ich, mein Sohn, dass du an diesem Sport fest hältst. Wenn du fest daran glaubst und hart trainierst, kannst du richtig erfolgreich werden und vielleicht selber eines Tages bei internationalen

Wettbewerben teilnehmen? Als erster Iraker auf
dem Eis? Wie klingt das? «

Auch wenn Amir mit seinen erst sieben Jahren nicht
ganz verstand, was Mohammad damit meinte,
merkte und spürte er, dass sein Vater gerade sehr
stolz auf ihn war und dieser Umstand ließ ihn seine
Angst im Nu vergessen, und getrieben von der positiven Energie, antwortete er mit einem breiten Lächeln und schrie auf
» Prima! «
» Und verspreche mir eins, mein Sohn «,
fuhr Mohammad fort,
» wenn du auf dem Eis bist, möchte ich, dass du
läufst als würde es um dein Leben gehen «

» Mache ich, Papa «
erwiderte Amir und bewegte sich wieder fort von
der Bande. Mohammad rief seinem Sohn hinterher:

» Lauf um dein Leben, Amir! «

Nachdem die Familie am Abend gemeinschaftlich
gegessen hatte und im Wohnzimmer zum abendli-
chen Tee saß, rief Mohammad seinen Sohn zu sich
und überreichte ihm ein Geschenkpaket. Amir, der

durch seine Neugier in einen hektischen Zustand gefallen war, schaffte es zunächst vor Aufregung nicht, die goldene Schleife zu lösen. Mit kurzer Verzögerung und Anstrengung schaffte er es dann doch, mit voller Hektik und großer Begeisterung die Schleife zu lösen. Dann riss er das rote Geschenkpapier auf und öffnete das Paket.

Amir konnte seinen Augen kaum trauen. Mit einem erstaunten Blick und offenen Mund starrte er in das Paket. Im Karton waren neue weiße Schlittschuhe eingepackt. Nach diesem kurzen Moment des Erstarrens schrie Amir auf und umarmte seinen Vater.
» Danke, danke Papa «
rief er wiederholt.

Mit einem lauten Lachen sagte Mohammad
» Bedanke dich auch bei deiner Mutter, mein Prinz. «

Daraufhin umarmte Amir seine Mutter und wenn er schon dabei war, auch gleich Hassan. Und fing an, mit den Schlittschuhen in der Hand jubelnd durch die Wohnung zu rennen.

Eine Woche drauf ging die Reise zurück nach Hause. Natürlich wurden in dieser kurzen Zeit die neuen Schlittschuhe eingeweiht und sehr oft eingesetzt.

» So begann also alles? «

Während Bianca ihre Frage stellt, nimmt sie einen Schluck von ihrem Glas. Mit einer nickenden Geste bejaht Amir diese Frage.

» Das war im Jahre 2003. Nicht wahr? In diesem Jahr sind sie doch auch als Kriegsflüchtling nach Deutschland gekommen, oder? «

Amir nickt zustimmend, wobei sein Gesicht eine sehr angespannte Miene bekommt, während er in seinen Gedanken abzutauchen scheint. Bianca bemerkt die Anspannung im Gesicht von Amir und fragte ihn:
» Ist alles in Ordnung? «

Amir, der von seinen Gedanken wiederkehrt, sagt:
» Alles bestens. Es ist nur so, dass das Jahr 2003 das schlimmste Jahr in meinem bisherigen Leben war «

Mit einem Zögern fragt Bianca, ob er dazu etwas erzählen möchte? Schließlich werden die Leser gerne aus seinem Mund hören wollen, wie es zu dieser Flucht kam und wie dieser erfolgt ist?

Amir hielt kurz inne und nachdem er sich sammeln konnte fuhr er fort.

Das Jahr 2003

Als die Familie Hammadi im Frühjahr 2003 zurück in dem Irak ankam, bemerkten sie die unruhige Stimmung im Land. Die USA drohte mit einer Invasion und innerhalb des Volkes wurden Themen wie ethnische und religiöse Differenzen diskutiert.

Selbst Mohammad, der stets kein Interesse an solchen Diskussionen hatte, wurde plötzlich mit solchen Themen konfrontiert. Er erwiderte immer wieder, dass er solche Diskussionen für sinnlos und falsch erachte und nicht verstehe, woher diese neuen Streitthemen kamen. Schließlich habe man doch bis dato um die Unterschiede gewusst, aber diese nie wirklich zu Streitthemen gemacht. Mohammad machte sich auch eher um die wirtschaftliche Lage im Land sorgen.

Allein die Androhung der Vereinigten Staaten von Amerika, einen Krieg gegen den Irak anzufangen, hatte die wirtschaftliche Lage im Land deutlich verschlechtert.

Mohammads Umsatz brach stark ein und manche Kunden von ihm konnten ihre offenen Rechnungen nicht bezahlen. Bei manchen Kunden platzten die Schecks, was ein gängiges Zahlungsmittel im Irak war, unerwartet. Auf seine Nachfrage nach seinen Forderungen bekam Mohammad immer die gleiche Aussage, dass die Kunden gerne in der Lage wären zu bezahlen, aber die wirtschaftliche Situation würde es nicht möglich machen. Anschließend wurde Mohammad damit getröstet, dass sie ihre Schulden bei erster Gelegenheit bezahlen wollen würden. So blieb ihm keine Alternative, als die Frist zu verschieben, übrig.

Mit jedem weiteren Ausfall seiner Forderungen vergrößerten sich der Frust und die Sorgen von Mohammad.

Amir bemerkte, dass sein sonst ruhiger und gut gelaunter Vater immer öfters nachdenklich und traurig war. An den Abenden zog sich Mohammed alleine auf seinen Sessel im Wohnzimmer zurück und versank in tiefe Gedanken.

An einem Abend, als Mohammad wieder in tiefen Gedanken versunken war und in seinem Sessel saß, ging Amir zu seinem Vater und streichelte ihn am Kopf und sagte

» Alles wird gut, Papa. «

Mohammad, der aus seinen tiefen Gedanken rauskam, realisierte, dass er nicht mal bemerkt hatte, dass Amir zu ihm in den Raum gekommen war. Er umarmte Amir und versuchte, seine Tränen zu unterdrücken.

» Natürlich, mein Sohn «,

sagte er und streichelte ihn sanft über den Hinterkopf.

Auch Fatima, die gerade dabei war, in den Raum einzutreten, bekam diese Tröstungsversuche von Amir mit. Sie blieb zunächst an der Türschwelle stehen und ihre Augen füllten sich mit Tränen. Damit ihr Mann und ihr Sohn nicht mitbekommen sollten, dass Fatimas Tränen unaufhörlich flossen, verließ sie sofort den Raum wieder in Richtung Badezimmer, wo sie sich einschloss und weiter weinte.

Einige Tage später, am 20. März 2003, begann mit der Begründung, der Irak hätte chemische Waffen, die Invasion der USA im Irak. Binnen einer Woche war Bagdad gefallen und der Diktator Saddam

Hussein befand sich vor dem amerikanischen Militär und seinen Verbündeten auf der Flucht.

Am 1. Mai 2003, 41 Tage nach dem Beginn der Invasion, erklärte der damalige amerikanische Präsident George W. Bush den Krieg als siegreich beendet.

Zwar war der offizielle Krieg laut Ansicht der amerikanischen Regierung beendet, aber dieser Zeitpunkt war zugleich der Startpunkt des Guerilla-Krieges der sogenannten Freiheitskämpfer im Irak gegen die Besatzermächte.

Vor Angst, dass eine blinde Kugel sie treffen konnte, schloss sich die Familie Hamadi während der Invasionsphase in ihrem Anwesen ein. Allerdings blieb Sulaimaniyya aufgrund der geographischen Lage überwiegend von der Invasion und dem Krieg verschont. Die kurdischen Unterstützer der Alliierten vertrieben schnell die Soldaten des Regimes von Saddam Hussein und übernahmen schnell die Kontrolle über das Gebiet um Sulaimaniyya.

Unmittelbar nach der Kontrollübernahme wurde von einem sogenannten autonomen Kurdengebiet gesprochen. Schließlich übernahmen die Kurden die Rolle der Polizei als Besatzermächte im Lande und waren somit der verlängerte Arm der Besatzermächte bei der Invasion. Die Region um Sulaimaniyya wurde somit urplötzlich als ein Teil des autonomen Kurdengebiets betitelt. Zwar wurde die offizielle Anerkennung des autonomen Kurdengebiets erst am 30. Januar 2005, fast zwei Jahre nach der Invasion, in der irakischen Verfassung verankert, aber die inoffizielle Teilung des Nordiraks begann mit der Invasion im Jahre 2003.

Auch wenn sich in den folgenden Jahren herausgestellt hat, dass der Irak keine chemischen Waffen hatte und somit die ganze Invasion auf falschen Informationen beruhte, wurde das Land somit in einen Chaos-Zustand gesetzt, dass im Laufe der folgenden Jahre noch hunderttausende zivile Opfern das Leben kostete und die geografische Teilung des Iraks bewirkte. In den folgenden Jahren verbreitete sich die herrschende Meinung, dass der wahre Grund für den Krieg die Beherrschung der Ölvorräte des Iraks war. Schließlich verfügte der Irak über 10% des weltweiten Ölvorkommens, das aufgrund seiner Endlichkeit und wichtiger Rohstoff auch als schwarzes Gold genannt wurde.

Neben dem laufenden inoffiziellen Krieg zwischen den Besatzermächten und Freiheitskämpfern, brachte die chaotische Lage auch interne Nutznießer hervor.

Menschen, die vorher friedlich miteinander lebten, begannen, getrieben von Machtkämpfen und Führungslosigkeit sich gegenseitig zu bekämpfen. Verschiedene Gruppen versuchten von dem Durcheinander zu profitieren und die Vorherrschaft in der Region einzunehmen. Manche versuchten auch nur in dieser Situation ihre früheren und noch offenen Konflikte auszufechten.

So geschah es auch, dass manche ehemaligen und aktuellen Konkurrenten von Mohammad Gerüchte in die Welt streuten, um sein Ansehen in der Gesellschaft zu schwächen.

Je nachdem welcher Gruppierung man angehörte, wurden ihm die gegenteiligen Themen unterstellt.

Unter anderem war er für die einen ein Landesverräter und für die anderen ein Saddam-Freund. Manche wiederum behaupteten, er sei ein Kurdenfeind und für manche war er ein Atheist. Auch Fatima wurde mit ähnlichen Unterstellungen konfrontiert. Paradox dabei war, dass viele Vorwürfe von Bekannten der Familie in die Welt gesetzt wurden. Sie gingen soweit, dass sie ihre Behauptungen mit ihrer Nähe zu der Familie Hammadi untermauerten. Die letzteren waren eher Leute, die ihren Neid auf den Wohlstand der Hammadis von früherer Zeit so kompensieren wollten.

Anlässlich dieser Diffamierungen war Mohammad immer öfters gezwungen, sich gegen diese Behauptungen zu verteidigen. Immer seltener wurde ein Streit ohne Erhöhung der Stimmen und gegenseitigen Beschimpfungen beendet. Allerdings blieben die Streitereien in der Regel auf verbaler Ebene.

Am Nachmittag des 3. September 2003 kam es bei einem Streit letztendlich doch zu einer Handgreiflichkeit. Mohammad konnte einem Schlagversuch seines Widersachers ausweichen und streckte ihn mit einem einzigen Treffer zu Boden. Daraufhin gingen die drum herum Stehenden anderen Händler dazwischen und der Streit war zunächst beendet.

Der Grund für die Auseinandersetzung war, dass ein Kunde mit der Begründung, dass Mohammad seine Stoffe die bessere Qualität haben, 20 Stoffbänder für einen höheren Stückpreis bei Mohammad eingekauft hatte, statt bei dem anderen Händler. Dieser Einkauf war zugleich der größte Einkauf, den ein Kunde seit der Belagerung des Iraks in dieser Händlerstraße gemacht hatte.

Der andere Händler dem dieses überaus großes Geschäft entgangen war, befand diese Begründung als eine Beleidigung seiner Person und schimpfte auf Mohammad ein und begann mit den mittlerweile üblichen Unterstellungen wie Landesverräter und Atheist herumzuschreien. Mohammad wies diese Verleumdungen vehement von sich. Schließlich hätte zu dieser Zeit allein die Annahme, diese Behauptungen könnten stimmen, den Untergang jedes Händlers in dieser Region bedeutet.

Dieser Vorfall ließ Mohammad, dem sowohl die Hintergedanken der Unterstellungen als auch die Aussichtslosigkeit auf eine zeitnahe Besserung der

Situation im Irak und seiner Geschäfte immer klarer wurden, den Beschluss treffen, mit seiner Familie das Land zu verlassen. Ursprünglich wollte er, trotz des Krieges, so einen Schritt vermeiden und in seinem Heimatland bleiben und seinen Sohn dort aufwachsen sehen.

Am Nachmittag kam Mohammad nach Hause und erzählte Fatima die Geschehnisse und bat sie sofort, für die Abreise zu packen. Fatima, die selbstverständlich auch seit geraumer Zeit diese Missstände mitbekam, dachte ähnlich wie Mohammad und hatte auch wenig Hoffnung für eine friedliche nahe Zukunft.

Sowohl für Mohammad als auch für Fatima war es eine schwere Entscheidung. Schließlich war ihnen bewusst, dass dieser Entschluss viele Konsequenzen mit sich bringen wird. Da das Chaos im ganzen Irak herrschte und somit ein anderer Ort im Landesinneren genauso unsicher wäre, müsste die Familie Hammadi das Land verlassen. Somit müsste sie sich auf eine ungewisse Zukunft in einem fremden Land einstellen. Sie müssten auf Ihren jahrelang hart erarbeiteten und gewohnten hohen Wohlstand verzichten. Ihr Sohn Amir würde nicht in ihrer Heimat aufwachsen. Vielleicht werden sie sogar ihre Heimat nie wieder sehen. Der schlimmste Gedanke für die beiden war, dass sie eventuell ihre im Irak zurückgebliebenen Familien nie wieder sehen werden.

Trotz all dieser Gedanken waren sich Mohammad und Fatima einig. In naher Zukunft werden sie keinen Frieden in ihrem Land vorfinden und somit wäre eine Auswanderung die sinnvollste Lösung. Dabei dachten die beiden zunächst, zu Hassan zu ziehen und sich dann bis zur erhofften Rückreise in ihrer Heimat eventuell in Istanbul niederzulassen.

Nach dem Gespräch mit ihrem Mann fing Fatima sofort an zu packen. Am selben Abend fing Mohammad an das Gepäck in den Wagen zu verstauen. Amir schaute seinem Vater dabei zu. Der Plan war, dass sie mit dem Sonnenaufgang Richtung Türkei zu Hassan aufbrachen.

Während Mohammad noch dabei war, das Auto zu beladen, sah er aus der Ferne Lichter eines heranfahrenden Autos anfahren kommen. Die Lichter fuhren direkt auf das Anwesen der Hammadis. Ein schwarzes Auto kam angefahren und hielt vor der

Einfahrt des Anwesens unmittelbar vor dem Eingang der Garage an. Aus dem Auto stiegen drei Männer aus.

Durch die eingebrochene Dunkelheit und die Lichteinstrahlung aus dem Rücken der Männer konnte Mohammad zunächst nicht erkennen, wer diese Personen waren. Als die Männer näher herantraten, bemerkte er, dass alle drei Männer mit schwarzen Gewändern vermummt waren. Auf sein Fragen wer diese Männer seien und was sie wollen, erwiderte eine Stimme nur

» Rache. «

Ein Schauer überkam Mohammad. An der Stimme hatte er erkannt, dass dies sein Widersacher vom Vormittag war. Mohammad realisierte das die Situation keine guten Folgen haben wird und wandte sich zu Amir und sagte

» Gehe sofort in das Haus, Amir! «

Währenddessen sah er im Augenwinkel, dass einer von den Männern eine Pistole unter seinem Gewand hervor zog und auf ihn zielte. Da schrie Mohammad zu seinem Sohn:

» Lauf um dein Leben, Amir! «

Amir, der zunächst die Worte Mohammads nicht klar verstand, aber instinktiv den Worten seines Vaters Folge leistete, fing an, in Richtung der Hauseingangstür zu laufen. Beim Reinlaufen hörte er nur noch einen lauten Knall im Hintergrund.

Im Schalle dieses explosionsartigen Geräusches erschrak er und zuckte zunächst zusammen und ließ sich nach vorne fallen. Als er sich anschließend umdrehte, sah er, wie sein Vater auf den Boden fiel. Die Kugel hatte Mohammad auf der Brust, in Höhe seines Herzens, getroffen.

Mit einem Schrei

» Papa! «

stand und rannte er zu seinem auf dem Boden liegenden Vater.

Die drei Männer stiegen eilig in ihr Auto und fuhren weg. Fatima, die den lauten Knall gehört hatte, rannte nach draußen. Wo sie den weinenden Amir über ihrem Mann gebeugt sah und wie ein Wagen von ihren Anwesen rasant weg fuhr.

Begleitet von einem Aufschrei rannte Fatima zu ihrem auf dem Boden liegenden Mann. Sie nahm ihn in die Arme und drückte ihn ganz fest. Schockiert und verwirrt rief Fatima um Hilfe. Allerdings war keine Hilfe in der Nähe. Ihr Mann Mohammad erlag noch vor Ort der Schusswunde und starb in ihren Armen.

Amirs Vater Mohammad Hammadi starb am Abend des 3. Septembers 2003 an Ort und Stelle. Getötet durch einen Mann, mit dem er am Vormittag einen Streit hatte, nur weil ein Kunde behauptete, dass er die bessere Qualität habe.

Amir weinte den folgenden Tag ununterbrochen und hörte nur aus dem Nebenzimmer die Laute seiner Mutter, die aus einem Mix vom Kreischen, Weinen und Wimmern Bestand. Mittlerweile waren auch die Verwandten und Freunde der Familie gekommen, um der Witwe und ihrem Sohn Beistand zu leisten. Am nächsten Morgen wurde Mohammad nach den islamischen Regeln beerdigt.

Obwohl allen im Familien- und Bekanntenkreis der Hammadis bewusst war, wer diesen schrecklichen Mord begangen hat, konnten keine handfesten Beweise vorgewiesen werden, um den Schuldigen hinter Gittern zu bringen. Allerdings bemerkte Fatima auch schnell, dass die Polizisten kein großes Interesse an der Klärung des Mordes an Mohammad hatten. Sie bekam floskelartige Antworten auf ihre Anfragen. Woraufhin bei ihr die Vermutung aufkam, dass der Täter die Beamten bestochen haben muss.

Außerdem war Fatima auch von der Unterstützung der Verwandten sehr enttäuscht. Kaum einer bemühte sich wirklich, um den Schuldigen zur Rechenschaft zu ziehen.

Somit wollte Fatima nichts mehr mit diesen Leuten und dieser Stadt zu tun haben und wollte zugleich den sozusagen letzten Wunsch ihres Mannes verwirklichen. Sie verkaufte all ihr Land und Gut zu einem Spottpreis. Zumal es aufgrund der Lage im ganzen Land absolut der falsche Zeitpunkt war um überhaupt etwas zu verkaufen.

Für Fatima bedeutete das alles aber nichts. Sie wollte nur weg und so befanden sich Amir und Fatima, kaum einen Monat nach der Ermordung von Mohammad, Anfang Oktober 2003, auf dem Weg nach Istanbul. Hassan war extra angereist, um die beiden sicher zu sich zu holen. Amir weinte die ganze Fahrt über. Der Schmerz über den Verlust und die Bilder des jenen Tages gingen nicht mehr vor seinen Augen weg.

Er wachte nachts schweißüberströmt und aufschreiend nach seinem Vater auf. Von Tag zu Tag wurde er immer verschlossener und tauchte in traurige und schmerzhafte Gedanken ab.

In Istanbul angekommen versuchten Hassan und Fatima händeringend Amir aufzubauen. Der lebensfreudige kleine Eisläufer war verschwunden und es gab nun diesen in sich gekehrten und verängstigten Jungen, der ständig Albträume hatte. In seinen Albträumen hörte er immer wieder die Stimme seines Vaters

» Lauf um dein Leben, Amir! «

und erwachte durch den für ihn unerträglichen Knallgeräusch, schweißgebadet auf. Tagsüber weinte er oftmals und aß kaum etwas. So verlor Amir schon im ersten Monat nach der Ermordung von Mohammad rund fünf Kilogramm.

Auch die Bemühungen von Ali und seinem Sohn Mehmet, ihn aufzumuntern blieben erfolglos. Sie konnten Amir nicht mal dazu überreden, mit ins Einkaufszentrum zu gehen und dort Schlittschuh zu laufen. Amir wollte einfach nichts unternehmen und mit niemandem etwas zu tun haben. Auf das Drängen von Mehmet reagierte er dann aggressiv und schrie ihn an und sagte, dass er verschwinden soll. Nach mehrmaliger Ablehnung von Amir war Mehmet gekränkt und nahm Abstand zu ihm.

So musste Fatima zunächst ihre eigene Trauer und die persönliche seelische Verarbeitung der Geschehnisse zurückstellen und sich um Amirs Zustand kümmern. Man merkte Fatima an, dass die Strapazen des letzten Monats ihr zugesetzt hatten. Von der bildhübschen Dame mit den dunkel schwarzen Haaren und braunen Augen war nicht mehr viel übrig geblieben. Bedingt durch Stress und Trauer fingen bei ihr die ersten grauen Haare an zu wachsen.

Fatima und Amir waren wie zwei leere Körper ohne Seele und Lebenslust.

Amir bemerkt, dass Bianca ihre Tränen nicht zurückhalten kann. Er nimmt aus seiner Tasche eine Packung Taschentücher raus und reicht ihr ein Taschentuch und sagt während dieser Geste:

» Tut mir Leid. Ich weiß ehrlich gesagt nicht, warum ich Ihnen so viele Details erzählt habe. Ich habe Ihnen unbewusst mein persönliches Leid zugemutet. Bitte verzeihen Sie mir. «

» Nein, Nein, ich muss mich für diese unprofessionelle Art entschuldigen «,
erwiderte Bianca schluchzend.
» Schließlich habe ich Sie darum gebeten. Ich danke Ihnen sehr für diese offene Art. «

Nachdem sie einen großen Schluck Wasser aus dem Glas nahm, bat Bianca Amir um die Weitererzählung. Und stellte die Frage, wie es denn dazu kam, dass sie trotz der gegebenen Möglichkeit, in Istanbul zu leben, nach Deutschland kamen?

Noch bevor Amir auf die Frage antworten konnte, ergänzte sie, dass sie sich nicht noch mehr aufdrängen wolle und Amir bitte nur erzählen solle, wenn er es wirklich möchte.

» Wissen Sie, ich bemerke gerade selber, dass dieses Interview mir auf eine unerklärliche Weise gut tut. Ehrlich gesagt, habe ich zuvor das alles in dieser Form und Ausführlichkeit keiner anderen Person erzählt. Von meiner Seite aus können wir gerne fortfahren. «

Mit seiner Reaktion sorgte Amir für eine Erleichterung bei Bianca und dann fuhr er mit seiner Erzählung fort.

Eine beschwerliche Reise

Nach einer Woche voller Trauer in Istanbul teilte Fatima Hassan mit, dass sie mit Amir nach Deutschland möchte, um dort einen Neustart zu haben. Selbst in Istanbul würde vieles sie und Amir an Mohammad erinnern und solange die Situation so sei, könnten weder Amir noch sie mit diesem Schmerz abschließen.

Hassan der zunächst dagegen war, merkte die Ernsthaftigkeit und Entschlossenheit bei Fatima und versprach ihr dabei zu helfen. Allerdings wollte er wissen, warum sie unbedingt nach Deutschland möchte? Schließlich hatten sie da keine Bekannten und Verwandten und bis nach Deutschland war es ein schwerer Weg. Außerdem war Hassan bewusst, dass in der Europäischen Union die Regel galt, dass ein Asylbewerber nur in dem Land Asyl beantragen darf, in dem er innerhalb der europäischen Zone als erstes registriert und aufgenommen war. So musste man bis nach Deutschland illegal reisen, ohne von irgendwelchen Zollbeamten anderer Länder erwischt zu werden.

Fatima sagte, dass sie aufgrund ihrer Schulbildung vieles über Deutschland und die Sprache wüsste und denke, dass dies der einzige richtige Ort sei, um mit der Vergangenheit abzuschließen.

Auch wenn Hassan von diesem Plan nicht ganz überzeugt war, suchte er widerwillig nach einem Weg, Fatima und Amir schnellstmöglich und sicher nach Deutschland zu bringen. Da die beiden kein Visum nach Deutschland bekommen würden, war ein Flug nach Deutschland unmöglich.

Aufgrund der angestiegenen Tragödien von nordafrikanischen Flüchtlingen, die bei dem Versuch das Mittelmeer heimlich zu überqueren ertranken, galten strengere Kontrollen an den Küsten Europas. Außerdem kamen in den Medien immer öfter Berichte darüber, dass Schleuser oftmals den Menschen ihre gesamten Ersparnisse wegnahmen und mitten auf dem Meer vom Bord gingen und diese Menschen ihrem Schicksal überließen. Durch diese skrupellosen Schleuser starben viele Menschen auf der Reise.

Somit blieb im Prinzip nur der Landweg übrig. Da dies gleichzeitig bedeutete, dass je nach Strecke, vier bis sechs Grenzübergänge überschritten werden müssten, war dies mit einem hohen Risiko verbunden, dass Fatima und Amir an einem der Grenzübergänge erwischt werden. Trotz dieses hohen Risikos schien für Hassan der Landweg trotzdem die einzige Möglichkeit.

So verbrachte Hassan die nächsten Tage damit, einen sicheren Schleuser zu finden, was nicht einfach war. Schließlich musste man jemanden finden, der bereit war, das Risiko einzugehen, in irgendeinem Land festgenommen zu werden und gleichzeitig vertrauensvoll genug war, ihm eine Witwe mit ihrem erst acht jährigen Sohn anzuvertrauen.

Schließlich fand Hassan einen Schleuser der die beiden mit nach Deutschland nehmen sollte. Allerdings würde das jeweils 3.000 € kosten, wovon die Hälfte Hassan im Voraus bezahlen musste. Eine Woche später, am 17. Oktober, sollte die Reise von Istanbul nach Deutschland beginnen. In der folgenden Woche waren Fatima und Hassan damit beschäftigt, die Reise und die ersten Tage in Deutschland möglichst gut und durchdacht zu planen. Sofern man eine illegale Einreise planen kann. Allerdings wollte man auch vermeiden, dass die beiden in Deutschland komplett ideenlos herum irrten.

Doch dann kam alles anders. Einen Tag vor der Abreise erreichte Hassan die schlechte Nachricht. Der Schleuser, der Fatima und Amir nach Deutschland geleiten sollte, wurde von der türkischen Polizei festgenommen. Er hätte mehrere Personen mit dem Versprechen, sie nach Europa zu geleiten, um ihr Geld gebracht und manchen auf der Fahrt ihre letzten Ersparnisse mit Gewalt weggenommen und diese noch in der Nähe der türkisch-bulgarischen Grenze bei Edirne in der Türkei zurück gelassen.

Einerseits war Fatima über diese Nachricht traurig, andererseits konnte sie dieser noch etwas Gutes abgewinnen. Schließlich hatten sie im wahrsten Sinne des Wortes Glück im Unglück. Allein die Vorstellung, was für einer Gefahr sie sich und ihren Sohn Amir ausgesetzt hätte, war für sie so beängstigend, dass sie anfing, ihren Plan nach Deutschland auszuwandern, zu überdenken.

Schließlich war Fatima ihre Bereitschaft, sich auf dieses Risiko einzulassen, nicht so hoch, wie es teilweise bei anderen Flüchtlingen der Fall ist. Da die Kriege in Afghanistan und Irak neben ihren Ländereien und gesamten Ersparnissen auch ihre Familienangehörigen genommen haben, sind diese Menschen bereit, jedes Risiko auf sich zu nehmen. So sind diese Flüchtlinge so verzweifelt, dass sie in Kauf nehmen, bei einer Meeresüberquerung auf einem überfüllten und verrosteten Schiff und teilweise sogar ohne Schwimmwesten, entweder zu ertrinken oder durch die Schleuser erschossen zu werden.

Hassan war über diese Nachricht erschüttert und hatte Gewissensbisse. Er warf sich vor, dass er bei der Suche nach einem Schleuser vorsichtiger hätte sein sollen, gar müssen. Allein die Vorstellung, dass den beiden etwas Schlimmes zugestoßen wäre, verdrehte ihm seinen Magen. Er hasste sich selbst dafür, dass er Fatima und Amir beinahe so jemandem anvertraut hätte.

Am selben Abend ging Hassan zu seinem Freund Ali ins Einkaufszentrum und erzählte ihm die Ereignisse. Ali, der versuchte, Hassan aufzubauen, versuchte ihm zu erklären, dass so eine Gefahr bei jedem Schleuser vorkommen kann und Hassan sich selbst nicht so fertig machen solle. Ali hatte vollstes Verständnis, dass Fatima den Wunsch hatte, einen Neustart machen zu wollen. Allerdings war er fest der Meinung, dass für die beiden der Landweg nicht in Frage kommen würde und fing an, über andere Wege für eine Einreise nach Deutschland nachzudenken.

Hassan, bei dem die Worte von Ali nicht wirkten, war weiterhin damit beschäftigt, sich selbst zu beschuldigen und zu hassen. Im Laufe des Abends kam Ali auf eine Idee, wie seiner Meinung nach Fatima und Amir die Einreise nach Deutschland vielleicht doch machen könnten und teilte seine Gedanken mit Hassan.

Alis Frau Zeynep war Lehrerin in der Türkei und verfügte als Beamtin so über einen grünen Ausweis. Dieser Ausweis war von seiner Anerkennung her dem Status eines Diplomatenausweises gleichgestellt. Personen, die diesen Ausweis innehaben, benötigten kein Visum für die Einreise nach Deutschland. Auch ihr Sohn Mehmet war in diesem Ausweis eingetragen. Dadurch hatte er auch über die gleichen Reiserechte wie seine Mutter verfügt.

Der Plan war, dass Fatima und Amir mit diesem Ausweis nach Deutschland fliegen sollten. Somit wäre jedes Risiko, einem gefährlichen Schleuser in die Hände zu fallen oder an einer der Grenzkontrollen erwischt zu werden, vermieden worden. Das einzige Risiko wäre, an einem der Flughäfen erwischt zu werden, was deutlich weniger riskant gewesen wäre.

Hassan, den dieser Gedanke auf Anhieb überzeugte, äußerte sofort seine Begeisterung und dass er Ali für einen Genie halte. Seine schlechte Stimmung war sofort verschwunden.

Allerdings wurde ihm im nächsten Moment die Gefahr klar, der sich Mehmet und seine Familie aussetzten würden. Schließlich war hier die Rede von Urkundenfälschung eines türkischen Reisepasses. Die Mindeststrafe hierfür wäre die sofortige Aberkennung des Lehrer- bzw. Beamtenstatus. Wobei man auch getrost von einer Haftstrafe ausgehen konnte. Hassan teilte seinen Einwand mit und sagte,

dass das zu riskant wäre und er ungern Ali und seine Familie so einer Gefahr nicht aussetzen möchte. Ali erwiderte mit einer entspannten Stimme
» Was für ein Risiko? «

und erklärte Hassan, wie er sich das vorstellen würde, im Detail.

Sie würden Fatima und Amir in einem Flieger nach Deutschland setzten. Sobald Fatima und Amir in Deutschland landen, erklärt Zeynep ihren Pass als verloren und beantragt einen neuen. Natürlich müsste, im Falle einer Festnahme an der Grenze, Fatima die Schuld auf sich nehmen und behaupten, dass sie diesen Pass aus Zeyneps Zimmer entwendet hat. Allerdings würde das nur zu einer milden Strafe führen. Was bekanntlich im Verhältnis zu dem Risiko, mit einem Schleuser durch vier bis sechs Ländern fahren zu wollen, eher als ein kleineres Übel angesehen werden dürfte.

Mit diesem letzten Detail im Plan hat Ali Hassans Einwand gebrochen. Hassan nickte ein und ging nach Hause und unterrichtete Fatima von der Idee.

Zunächst missfiel auch Fatima der Gedanke, Ali und Zeynep so einer Risikosituation auszusetzen und ihnen das alles zuzumuten. Schließlich wollte sie nicht, dass niemand wegen ihr zu Schaden kommt. Außerdem war Fatima innerlich auch kurz davor, ihren Plan, nach Deutschland zu gehen, zu verwerfen. Hassan, der mittlerweile auch davon überzeugt war, dass es Fatima und Amir in Deutschland besser gehen würde und immer noch Gewissensbisse wegen dem Schleuser hatte, redet erneut auf Fatima ein. Schließlich ließ Fatima sich von ihm überreden.

Um eine Ähnlichkeit mit Zeynep zu bekommen, sollte Fatima ihre Haare braun färben und Amir sollte einfach eine Kappe anziehen. So würden sie schon durch die Grenzkontrollen kommen. Allerdings hatte der Plan noch einen weiteren kostspieligen Punkt inne. Damit die beiden leichter durch die Kontrollen kommen können, sollten sie in der ersten Klasse fliegen und teure Kleidung tragen.

Somit könnte man den Anschein einer illegalen Einwanderung etwas vorbeugen. Am nächsten Tag kaufte Hassan die Flugtickets, während Fatima sich die Haare färben ließ und sich ein Outfit für die Reise kaufte.

Einen Tag später, am 18. Oktober, ging die Reise los. In dieser Nacht konnte Fatima vor Aufregung nicht schlafen.

Hassan brachte die beiden zum Flughafen und half ihnen beim Check-In und begleite sie bis zur ersten Passkontrolle. Wo er sich dann von Fatima und Amir verabschieden musste.

Fatima war an diesem Tag so nervös und gestresst, dass sie am Ende des Tages drei Kilo weniger wog. Schon bei dem Check-In in Istanbul zitterte sie am ganzen Körper so stark, dass die Flughafenmitarbeiterin sie fragte, ob alles mit ihr in Ordnung sei? Worauf Sie nur mit einem Nicken reagieren konnte. Amir war nur schweigsam an ihrer Seite. Ähnlich gestresst, aber ohne große Probleme, schafften es Amir und Fatima durch die nächsten Kontrollen und gelangten in den Flieger. Fatima war sehr erleichtert, dass die Ausreise gut geklappt hatte. Zum ersten Mal, an diesem Tag, hatte sie einen Moment der Freude und Entspannung gefühlt.

In Deutschland gelandet, ging aber der Stress von vorne los. In der Schlange für die Passkontrolle fing bei Fatima das Zittern am ganzen Körper wieder an. Mit jedem Schritt näher zu der Glaskabine mit dem drin sitzenden Grenzkontrolleur wurde Fatima immer nervöser. Als die beiden an der Reihe waren, war Fatima wie in einem Trancezustand versetzt. So konnte Fatima zunächst auf den Zollbeamten nicht reagieren.

Der Zollbeamte fragte sie nach dem Grund ihrer Einreise. Dann wiederholte er die Frage
» Frau Zeynep Gümüs, was ist der Anlass ihrer Einreise? «

In diesem Moment reagierte der sonst stille und abwesend wirkende Amir und zupfte ihre Hand. Woraufhin Fatima wieder allgegenwärtig war und antwortete mit ihrem gebrochenen Deutsch und ruhiger Stimme
» Touristen, wollen uns zwei Wochen mit meinem Sohn Deutschland anschauen. «

Der Zollbeamte wurde aufgrund von Fatimas anfänglichem Auftreten und Zögern misstrauisch und beobachtete sie und Amir mit verdächtigenden Blicken. Er schaute mehrfach in den Pass runter und immer wieder hoch zu Fatima. Diese Blicke fühlten sich für Fatima wie Messerstiche an.

Doch dann bemerkte der Beamte die Erste-Klasse-Flugtickets mit den gebuchten Rückflügen. Für genau solch eine Situation hatte Fatima, auf Anraten von Hassan, diese klar ersichtlich zwischen den Pass gelegt gehabt.

Fatima bemerkte, dass in diesem Moment der misstrauische Blick des Zollbeamten plötzlich verschwand. Dann kam ein leichtes Lächeln in seinem Gesicht auf und er reichte ihr den Reisepass und wünschte den beiden einen schönen Aufenthalt in Deutschland.

» So war Ihre Einreise also? « fragte Bianca. » Und war es leicht, in Deutschland Fuß zu fassen? «

» Absolut gar nicht! Die ersten Tage und speziell die erste Nacht in Deutschland waren eine der qual-vollsten Tage meines Lebens «

Parallel zu diesem Einwand versank Amir mit einer ernsten Miene wieder in seine Gedanken und fuhr mit seiner Erzählung fort...

In einem fremden Land

Schon am Flughafen Frankfurt am Main spürten Fatima und Amir, dass sie in eine komplett neue Welt eintraten. Nach der überstandenen Passkontrolle wollten sie schnellstmöglich den Flughafen verlassen. Allerdings wollten die Gänge des Frankfurter Flughafens einfach nicht enden. Sie fühlten sich wie kleine Fische, die zum ersten Mal in den Ozean geworfen wurden. Sie kannten zwar große Menschenmengen aus Istanbul, aber so eine Menschenmenge, die es so eilig hatte, hatten sie vorher nicht erlebt.

Die Menschen waren anders gekleidet und alles befand sich in einem schnellen Tempo. Auch dem sonst in sich gekehrten Amir konnte man sein Staunen ansehen. Seine Augen leuchteten förmlich vor Begeisterung. Alles schien so sauber und prunkvoll.

In diesem Moment erahnten sie noch nicht, dass sie noch eine Kontrolle erwarten würde. Endlich angekommen im Hauptterminal, zeigten die Schilder, dass sie für die Gepäckabholung, noch einmal, mit der Rolltreppe eine Etage nach unten gehen mussten. Fatima hatte ein komisches Gefühl, als sie unten angekommen und durch gläserne Türschleusen gegangen sind. Nach nicht enden wollendem Warten am Gepäckband kam Ihr Gepäck nach 20 Minuten auf dem Gepäckband und sie machten sich auf den Weg Richtung Ausgang.

Da realisierte Fatima, dass sie eventuell nochmal kontrolliert werden könnten. Am liebsten hätte sie das Gepäckstück stehen gelassen und wäre einfach weitergelaufen. Sie schaute sich um und bemerkte, dass sie auch nicht zurück durch die Türschleusen gehen konnten. Außerdem waren sie schon in Sichtweite der Zollbeamten und eine solche Handlung würde sie erst recht verdächtig aussehen lassen. Somit liefen sie weiter mit immer schwerer werdenden Schritten in Richtung der Tür und der davor stehenden Zollbeamtin.

Als sie unmittelbar vor der Zollbeamtin standen, rempelte ein es sichtlich eilig habender Passagier Fatima an und lief an ihr vorbei. Daraufhin reagierte die Zollbeamtin und stoppte den Mann und bat ihn zur Seite für die Gepäckkontrolle. Dann blickte sie noch kurz in Richtung Fatima und machte eine durchwinkende Geste. Auf dieses Zeichen hin packte Fatima Amir am Handgelenk und eilte durch diese letzte Tür.

Die beiden verließen den Flughafen und stiegen in einen Taxi ein und fuhren direkt zum Frauenheim in Frankfurt am Main.

Die Recherchen hatten Hassan und Fatima zu der Erkenntnis gebracht, dass sie zunächst im Frauenheim in Sicherheit wären. Vor dem Frauenheim stiegen Fatima und Amir aus und gingen in die erste Seitenstraße. Dort nahm Fatima den Reisepass von Zeynep aus ihrer Tasche und zündete es mit den Flugtickets an. Somit existierte keine Spur mehr für die Art und Weise und den Zeitpunkt ihrer Einreise. Somit war Deutschland ihr erstes Land in Europa und man konnte nicht nachvollziehen, wie sie nach Deutschland kamen.

Als sie vor dem Frauenheim standen, bemerkte Amir, dass seine Mutter nervös wurde und wieder zitterte. Er sah ihr an, dass sie an Gewicht verloren hatte. Ihm tat seine Mutter leid und er versuchte diesmal stark zu bleiben und sie aufzumuntern. » Mama, wir haben es geschafft «. sagte er.

Nachdem sie durch die große Eingangstür des Frauenheims traten, befanden sich Amir und Fatima im Vorraum. Allerdings war die innenliegende Tür aus Sicherheitsgründen abgeschlossen. Fatima, die mit der Situation überfordert war, sah in ihrer Aufregung die Klingel nicht und fing an zu weinen. In diesem Moment brachen bei ihr alle Dämme. Begleitet durch ein Wimmern, fiel Fatima auf die Knie. Sie klopfte gegen die Tür und flehte weinend » Macht bitte die Tür auf! «

Amir versuchte seine Mutter zu beruhigen. Allerdings liefen bei ihm auch schon die Tränen. Der Anblick seiner Mutter in dieser Situation hatte gereicht, sein Erstaunen über die neue Welt zu vergessen und all die Trauerstimmung in ihm wieder hervorzuheben.

Plötzlich hörte man ein Geräusch von der hinteren Seite der Tür und wie sich das Schloss entriegelte. Amir bemerkte, dass sich die Tür öffnete und eine blonde Frau stand vor den beiden und fragte sie, was passiert sei? Fatima war nur schwer zu beruhigen. Die Dame holte ein Glas Wasser aus der Küche und reichte es Fatima. Anschließend geleitete die Dame Amir und Fatima ins Gebäude herein.

Die Dame war eine Sozialhelferin im Frauenheim und hieß Julia Becker. Nach 15 Minuten und einem Glas Wasser war Fatima wieder beruhigt und erzählte Julia ihre vorbereitete Lebensgeschichte in gebrochenem Deutsch und dass sie in Deutschland Asyl beantragen möchte. Dabei erhoffte sich Fatima, dass Julia ihr helfen würde. Julia schien zunächst sehr gerührt zu sein. Als Fatima am Ende ihrer Erzählung sagte, dass sie Asyl in Deutschland beantragen wollen möchten, meinte Julia, dass sie gleich zurück sei und ging aus dem Raum.

Vor Freude, dass alles so gut geklappt hatte, zog Fatima Amir zu sich und umarmte ihn ganz stark. Dabei flüsterte sie ihm zu, dass alles gut sei. Schließlich hatten sich anscheinend all die Strapazen und Aufwendungen gelohnt.

Während des Wartens in dem Zimmer hörten Amir und Fatima fünf Minuten später, wie es klingelte. Aus dem Vorraum hörten sie ein Gespräch zwischen zwei Männern und Julia. Dann traten die beiden Herren in Uniform und Julia in den Raum herein. Julia hatte die Polizei verständigt. Die Beamten forderten Fatima und Amir sofort auf mit zu kommen. Fatima war schockiert und verstand nicht, warum Julia das gemacht hatte. Sie fing an zu weinen und fragte Julia schreiend an, warum sie das gemacht hat? Julia reagierte nicht auf die Fragen von Fatima. So wurden Amir und Fatima von den Polizeibeamten nach draußen geleitet. Draußen wurden sie in einen Polizeiwagen gesetzt und dann fuhren die Beamten los.

Fatimas erster Gedanke war, dass sie direkt zum Flughafen gebracht werden. Getrieben von diesem Gedanken fing sie an, die Beamten anzuflehen, dass sie das nicht tun sollen. Fatima weinte dabei vor Verzweiflung. Die Furcht von Fatima bewahrheitete sich nicht. Die Beamten brachten Fatima und Amir nicht zum Flughafen. Sie nahmen die beiden mit auf die Streife.

Im Polizeirevier angekommen, wurden von Fatima und Amir zunächst die Fingerabdrücke genommen. Dann kam ein Beamter und wollte Amir in einen separaten Verhörraum bringen. Fatima hatte Panik bekommen, weil sie dachte, dass die Beamten ihr Kind wegnehmen. In ihrem äußerst gestressten Zustand verstand sie auch nicht ganz, was die Beamten ihr sagten. Jeglicher Versuch, sie zu beruhigen, schien aussichtslos. Der erst acht jährige Amir konnte nichts verstehen und weinte die ganze Zeit und hatte Angst vor diesen fremden Männern. Als einer der Beamten ihn am Ärmel ziehend lotsen wollte, riss er seinen Arm los und rannte zurück zu seiner Mutter und umarmte sie ganz fest. Nach kurzem Zögern schafften es die Beamten, die beiden zu trennen und in verschiedene Räume zu bringen.

In den beiden Räumen wurden Fatima und Amir jeweils eine Stunde getrennt nach ihrer Einreise befragt. Fatima erzählte den Beamten die vorbereitete Geschichte. Sie behauptete, dass sie sich in einem Flugzeug von Bagdad nach Deutschland heimlich reingeschleust haben.

Da Amir keinen Ton von sich gab, nahmen die Beamten an, dass er der deutschen Sprache nicht mächtig war und daher keine Reaktion auf die an ihn gerichteten Fragen zeigte. So war seine Befragung durch die Beamten nach 5 Minuten wieder fertig.

Allerdings musste er trotzdem weitere 55 Minuten in dem Abhörraum warten. Dabei war eine Polizeibeamtin mit ihm im Zimmer. Sie versuchte ihn abzulenken. Sie brachte Amir Buntstifte mit einem Malbuch. Allerdings regte sich Amir nicht und die Polizistin malte die Figuren im Buch aus und versuchte Amir dazu zu ermutigen. Nach insgesamt einer Stunde Trennung durfte Amir wieder zu seiner Mutter in den Raum.

Halbe Stunde später kam die Beamtin, die zuvor mit Amir verweilte, zu den beiden in das Zimmer und erklärte Fatima, dass sie die Nacht auf der Streife verbringen müsse. Da Amir aber erst acht Jahre alt sei, wollte man ihm so was nicht zumuten. Daher möchte man ihn ins nahegelegene Jugendheim bringen. Dort kann er die Nacht verbringen. Am nächsten Morgen würden sie ihn wieder zu ihr bringen.

Fatima lehnte ab und während sie Amir immer stärker umarmte, sagte sie, dass keiner sie von ihrem Sohn trennen könne.

Nach einer weiteren halben Stunde Überzeugungsarbeit schafften es die Beamten, Fatima davon zu überzeugen, dass es so besser für Amir wäre. Fatima nahm dann Amir zu sich und erzählte ihm, was jetzt passieren würde. Amir erwiderte ihr, dass er nicht weg will und bei ihr bleiben wollte.

» Doch du musst «

sagte Fatima und gab der Beamtin ein Zeichen Amir mitzunehmen. Kaum war Amir zur Tür raus fing Fatima wieder an zu weinen.

Ihr erhoffter Neustart in Deutschland startete mit einer Trennung von ihrem Sohn und drohte gleich am ersten Tag zu scheitern.

Amir war jetzt ein achtjähriger Junge, der nun alleine in einem fremden Land war. Angekommen im Jugendheim wurde er in einen Schlafsaal gebracht. In dem mit mehreren Stockbetten eingerichteten Raum schliefen noch andere Jungs.

Vor lauter Angst legte sich Amir sofort in das ihm gezeigte Bett und klammerte sich an das Kopfkissen. Jedes Geräusch ließ ihn erschrecken und der Gedanke, dass er seine Mutter vielleicht nie mehr sehen würde, versetzte ihn noch mehr in Panik. So konnte er die halbe Nacht nicht schlafen und weinte und zitterte vor Angst. Irgendwann erlag er seiner Müdigkeit und schlief ein. Auch Fatima konnte vor

Sorge um Amir die ganze Nacht nicht schlafen. Sie weinte durchgehend.

Am nächsten Morgen wurde Amir von einer Beamtin abgeholt. Nach einer kurzen Fahrtzeit kamen sie entgegen Amirs Erwartungen nicht im Polizeirevier an. Sie waren in das Frauenheim gefahren. Als sie vor dem Frauenheim anhielten, konnten die Beamten die Verwunderung bei Amir ansehen. Er hatte diesen Eingang erkannt.

Als sie ausstiegen und durch den Haupteingang eintraten, sah er seine Mutter neben Julia stehen. Losgelöst von seiner Angst und begleitet von einem lauten Freudenschrei rannte Amir auf seine Mutter zu und die beiden umarmten sich.

Sowohl für Amir als auch Fatima fühlte sich diese Nacht wie eine Ewigkeit an.

Während Fatima ihren Sohn umarmte und ständig auf den Kopf küsste, sagte sie, dass sie es nun doch geschafft haben und sie zunächst mal gemeinsam im Frauenheim bleiben dürfen. Verwundert hob Amir seinen Kopf hoch und schaute mit fragendem

Blick seine Mutter an. Daraufhin erzählte Fatima ihm, wie es doch möglich wurde.

Nachdem Fatima und Amir am Vortag vom Frauenheim weggebracht wurden, setzte sich Julia, die von der Geschichte und dem Anblick der beiden sichtlich gerührt war, sofort an das Telefon und kümmerte sich um alle Dokumente. Sie stellte den Asylantrag für die beiden. Und war am nächsten Morgen schon damit auf dem Polizeirevier und reichte diese ein. Somit dürften die beiden bis zum Beschluss des Antrages in Deutschland bleiben.

Bei der erneuten Begegnung mit Fatima bemerkte sie, dass sie sehr kalt und voller Zorn auf sie reagierte. Doch als sie dann bei einer Aussprache ihr erklärte, dass es die übliche Prozedere war und sie zunächst die Polizeibeamten rufen musste. Hätte sie Fatima und Amir einfach so aufgenommen, hätte sie sich wegen Gewährleistung von illegalem Aufenthalt selbst strafbar gemacht. Da nun aber der Antrag ordnungsgemäß gestellt war und sie zugleich auch Antrag auf das Verbleiben der beiden im Frauenheim gestellt hatte, konnte Julia Fatima und Amir zunächst mal offiziell im Frauenheim aufnehmen.

» Das muss ja echt ein qualvoller Tag für Sie gewesen sein? Schließlich waren Sie gerade mal acht Jahre alt! Naja, letztendlich sind sie ja am Ziel angekommen und konnten ein neues schönes Leben in Deutschland beginnen? «

Während Bianca diese Frage einbringt, merkt man ihr an, dass sie mittlerweile gefasster und ruhiger wirkte.

Amir schüttelt verneinend mit dem Kopf. Und sagte:
» Meine ersten Wochen in Deutschland waren schrecklich und unerträglich! «

Mit einem verwundertem Gesichtsausdruck fragt Bianca
» Warum das denn? «

» Leider stellen sich viele Menschen die Integration eines Menschen in einem fremden Land zu einfach vor. Dabei haben die keine Ahnung, was es bedeutet, eine neue Kultur und eine fremde Sprache zu erlernen. Es wird von dem Immigrant erwartet, dass er sich schnell und nahtlos in die Gesellschaft einfügt und dass im Idealfall, ohne der Gesellschaft irgendwie zur Last zu werden. Dabei wird von manchen Menschen außeracht gelassen, dass diese Menschen auch ihre Kulturen und Traditionen haben bzw. hatten und eine Umstellung nicht für jeden einfach zu bewältigen ist. Und wehe man schafft es nicht alleine, dann wird oftmals auf die mit dem Finger gezeigt und denen wird mangelnde Motivation und Wille bescheinigt. Nicht selten fangen dann Menschen an, Selbstzweifel zu entwickeln. Dies führt dann letztendlich zum Scheitern der Integration und Abdriften in Parallelgesellschaften oder in manchen Fällen sogar der Rutsch in kriminelle Szenen. «

» Ist das nicht zu pauschalisiert formuliert? «

Auf diesen Einwand von Bianca hin fügte Amir hinzu.

» Sehen Sie, ich stammte von einem guten und wohlhabenden Elternhaus ab und ich verstand die deutsche Sprache und konnte sie auch gebrochen sprechen. Diese komfortable Voraussetzung trifft auf die wenigsten Flüchtlinge zu. Und trotzdem war mein Start aufgrund meiner psychologischen Verfassung auch nicht einfach und ich war zunächst auf dem besten Wege, an den Rand der Gesellschaft zu driften. «

Während Amir diese Worte von sich gibt, versinkt er wieder in seinen Erinnerungen und erzählt weiter.

Asylant

Nach einer Woche waren dank Julia Ihrem großem Einsatz alle formellen Schritte erledigt und Amir wurde an einer Gesamtschule in Frankfurt am Main angemeldet. Somit war für Amir, am 03. November 2003, mit dem Ende der Herbstferien im Bundesland Hessen, sein erster Schultag an seiner neuen Schule gekommen. An jenem Morgen strahlte Fatima vor Freude. Der Gedanke, dass sie es geschafft haben, nach Deutschland einzureisen und ihr Sohn tatsächlich in eine deutsche Schule gehen würde, ließ sie all die Strapazen und ihren Kummer vergessen. Fatima hatte von Julia erklärt bekommen, wie das Schulsystem in Deutschland funktioniert.

Eigentlich wäre Amir altersgemäß in der zweiten Klasse. Allerdings war er weiterhin in sich gekehrt und redete mit keiner Person. Nur selten bekam Fatima ihn mit großer Mühe zum Reden. So konnte auch kein Einstufungstest mit ihm gemacht werden, was dazu führte, dass er in die erste Klasse eingeschrieben wurde. Aufgrund eines anderen Termins konnte Julia Fatima und Amir nicht zur Schule begleiten. Deswegen hatte sie Fatima erklärt, wohin sie hin müsse und sicherheitshalber alles aufgeschrieben.

Fatima brachte Amir zur Schule und sie meldeten sich beim Rektorat der Schule an. Nachdem die Formalitäten erledigt waren, begleitete die Sekretärin sie zum Lehrerzimmer und bat sie vor der Tür zu warten. Anschließend ging sie, in das Lehrerzimmer und nach einer kurzen Weile kam sie mit Frau Specht, Amirs neuer Klassenlehrerin, aus dem Lehrerzimmer raus. Nach einer kurzen Begrüßung meinte Frau Specht zu Fatima, dass sie nun ins Klassenzimmer zur Klasse müssen.

Fatima kniete sich runter zu Amir und umarmte ihn ganz stark und verabschiedete sich begleitet von einem Kuss auf seine Stirn mit den Worten » Mein Sohn, wir haben es geschafft. Nun beginnt ein neuer Lebensabschnitt für dich und ich möchte das du alles vergisst und in deiner neuen Schule viel Spaß hast und viele Freunde findest. Ich liebe dich. «

Amir blieb regungslos stehen. Auf Frau Spechts Zeichen hin folgte er ihr in Richtung des Klassenzimmers. Die Klasse wartete bereits schon auf Frau Specht. Nach dem Eintreten in die Klasse stellte sie Amir der Klasse vor und erklärte, dass er ihr neuer Mitschüler sei. Auf die Begrüßungsworte der Klasse reagierte Amir mit einem leeren Blick und Schweigen. Dann zeigte Frau Specht ihm seinen Sitzplatz.

Amir gelang es immer noch nicht, den Schmerz über den Verlust seines Vaters und die Geschehnisse zu vergessen. Diese Gedanken warfen ihn immer wieder in eine Art Trauerzustand zurück, aus dem er sich kaum lösen konnte. So hielt seine Trauerstimmung den ganzen ersten Schultag an und er zeigte eine befremdliche Art den anderen Kindern gegenüber.

Die ein oder anderen Versuche der anderen Kinder mit ihm Kontakt aufzubauen, erwiderte Amir weiterhin mit einem Schweigen und leeren Blicken. Durch diese Art und Weise konnte das Eis nicht gebrochen werden und schon am Ende des ersten Tages wurde Amir von den anderen Kindern ignoriert. Diese Haltung seiner Mitschüler verstärkte sich an den folgenden Tagen noch mehr und Amir wurde schnell zum Außenseiter degradiert.

So wollte keiner mehr mit ihm reden oder spielen. Auch die Annährungsversuche der Lehrer blockte Amir durch sein Schweigen ab, was dazu führte, dass selbst die nicht wussten, was sie mit diesem in sich verschlossenen und schweigsamen Jungen anfangen sollten.

Schließlich kam er in ein bereits laufendes Schuljahr rein und die anderen Kinder hatten sich schon akklimatisiert und die Freundesgruppen innerhalb der Klasse gefestigt. Dieser Umstand hielt auch die nächsten Tage an. So vergingen schließlich die ersten Wochen in der Schule für Amir sehr einsam.

Mit seiner Art fütterte Amir auch die Gemeinheit der anderen Kinder. Für die war er schnell dieses Asylantenkind, mit dem man nichts zu tun haben wollte. Der klassische Außenseiter. Seine Mitschüler ließen es Amir auch spüren, indem sie keine Gruppenarbeiten mit ihm machen wollten oder ihn im Sportunterricht, bei Mannschaftswahlen, nicht mal als letzten wählen wollten.

Dies ging sogar soweit, dass die Lehrer ihn in die Arbeitsgruppen sozusagen zwangszuordnen mussten. Diese Zuteilung wurde fast jedes Mal von einem lauten

» Nein, den wollen wir nicht in unserer Gruppe haben «

eines anderen Kindes begleitet. Was von den Lehrern mit einer Ermahnung bestraft wurde.

Die Lehrer nahmen diese unschöne Haltung seiner Mitschüler gegenüber Amir auch wahr und versuchten, dagegen Maßnahmen zu ergreifen. Allerdings war Amir mit seiner Art und Weise nicht behilflich dabei und die Versuche blieben ohne Erfolg. Letztendlich nahmen ein Teil der Lehrer an, dass Amirs Art und Weise darauf zurückzuführen sei, dass er aus einem Dorf im Irak kam und keinerlei Kontakte zu der westlichen Welt hatte und dieser Umstand ihn einfach überfordern würde.

Weder die anderen Kinder noch die Lehrer wussten, dass Amir neben der irakischen die türkische, die englische und die deutsche Sprache verstand und alle Sprachen auch etwas sprechen konnte. So redeten die anderen Kinder leichtsinnig auch in seiner Nähe herablassend über ihn. Amir bekam auch mit, dass manche Schüler mit Migrationshintergrund auch in fremden Sprachen über ihn redeten und sogar beleidigten. Die Beleidigungen der türkischsprachigen Schüler verstand Amir. Die mittlerweile ablehnende Haltung seiner Mitschüler führte auch dazu, dass Amir sich noch mehr von den anderen Kindern distanzierte. Mit jedem weiteren Tag hasste er die Schule immer mehr und wollte nicht mehr dahin gehen.

An einem der folgenden Tage wurde Amir zu Beginn der großen Pause während er auf den Schulhof lief, in der Schulaula von den anderen Kindern beschimpft und beleidigt. Da die Kinder keine Gegenwehr seitens Amir bekamen, benutzten sie immer schlimmere Ausdrücke und Beleidigungen.

Mit seinen gerademal 8 Jahren konnte er diese Ablehnung und den Hass der anderen Kinder nicht verstehen. Auch wenn ihm bewusst war, dass er distanziert zu den anderen Kindern war, hatte er niemandem etwas angetan.

Amir wollte einfach nur weg von dort, aber konnte es nicht und blieb vor der Tür zum Hof stehen. Diese Worte und Beleidigungen gingen ihm sehr nahe und er konnte seine Tränen nicht zurück halten. Er war am Ende seiner Kräfte.

Doch plötzlich schallte eine laute Stimme durch die Aula
» Hört auf! Und lasst ihn in Ruhe! «
Amir erschrak wie alle anderen Kinder auch und schaute, begleitet von der sofort eingetretenen Stille, in Richtung der Stimme. Es war die Stimme seines Mitschülers Kerim.

Mit erhöhter Stimme fragte Kerim die anderen Kinder, ob die es nicht bemerkt haben, dass Amir weint? Und dass sie sofort damit aufhören und von da weggehen sollen. Da Kerim im Gegensatz zu Amir der beliebteste Junge der Klasse war und somit oben in der klasseninternen Hackordnung stand, hörten die anderen Kinder auf ihn und gingen von dort weg.

Kerim war der Sohn einer türkischen Gastarbeiterfamilie. Da er in Deutschland geboren war, konnte er auch sehr gut Deutsch und zudem war er ein sehr guter Fussballer und stets höflich zu seinen Lehrern. Man merkte eine gute Erziehung des Elternhauses an. Aufgrund seiner Erziehung und Beliebtheit hatte er es nie für nötig gehalten, auf anderen Kindern rumzuhacken. Er hatte auch nie ein herablassendes Wort über Amir gesagt. Allerdings interessierte ihn Amir bis dahin auch nicht wirklich.

Nachdem die Kinder weggingen, blickte Kerim noch einen Augenblick zu Amir. Nachdem er keine Reaktion von Amir sah, drehte er sich in Richtung der Tür, um auch zum Pausenhof loszulaufen.

Da hörte er eine leise Stimme im Hintergrund
» tesekkürler «
sagen. Was » danke « auf Türkisch bedeutet.
Kerim dachte zunächst, er habe was Falsches gehört und sagte
» wie bitte «,
während er sich zu Amir drehte. Amir sagte diesmal mit einer etwas lauteren und klareren Betonung
» yardimin icin tesekkürler «
was die Wiederholung seiner Danksagung auf Türkisch mit einer Erweiterung war und bedeutete » Vielen Dank für deine Hilfe «.

Kerim nahm zum ersten Mal die Stimme von Amir wahr und war sehr erstaunt. Wie die meisten dachte auch er, dass Amir die deutsche Sprache nicht konnte und dies wohlmöglich der Hauptgrund seines Schweigens war. Nach dem kurzen Schockmoment reagierte er auf die Danksagung reflexartig in türkischer Sprache mit

» rica ederim «,

was gern geschehen bedeutet. Dann wechselte er in die deutsche Sprache und fragte laut nachdenkend, woher er denn türkisch kann? Amir antwortete diesmal auf Deutsch und sagte ihm, dass er es in der Türkei gelernt habe.

Kerim war nur noch mehr irritiert. Ihm konnte man das Erstaunen aus dem Gesicht erkennen. Amir hatte gerade mit ihm türkisch und deutsch gesprochen.

» Moment Mal, du verstehst und redest deutsch und türkisch? «,

fragte Kerim, was mit einem bejahten Nicken seitens Amir bestätigt wurde. Kerim realisierte auch zugleich, dass Amir dann die ganzen Beschimpfungen seiner Mitschüler verstanden haben müsste und ergänzte

» Du hast all diese Beleidigungen der anderen Kinder verstanden und es dir einfach die ganze Zeit angehört? Warum hast du nicht geantwortet? Oder dich verteidigt oder gewehrt? «

Kerim konnte diese Art und Weise von Amir nicht verstehen.

Amir, der sichtlich kein Interesse an einer Erklärung hatte, zuckte mit den Schultern und sagte nur » Ist mir egal «.

Dann drehte er sich von Kerim weg und entfernte sich von der Stelle. Kerim, der sehr überrascht war, blieb da stehen und versuchte dem allem einen Sinn zu geben. Nach kurzem Zögern ging er dann aber auch raus zu den anderen Mitschülern.

Kerim entschied sich, dieses Gespräch mit Amir für sich zu behalten und erzählte niemandem von diesem Ereignis.

Nach der Pause gingen die Schüler wieder in den Unterricht. Die restlichen drei Schulstunden schaute Kerim immer wieder neugierig zu Amir rüber und beobachtete ihn. Allerdings änderte sich Amirs Haltung nicht. Er saß wie gehabt mit leicht gesenktem Kopf und einem leeren Blick nach vorne auf seinem Platz und regte sich nicht.

Nachdem der Schulunterricht zu Ende war, sah Amir Kerim vor dem Schulhof wartend stehen. Kerims Neugierde ließ nicht nach. Im Gegenteil, die Neugierde wurde während dieser drei Unterrichtsstunden immer größer.

Kerim lief auf Amir zu und sagte, dass er das alles nicht verstehen kann und er ihn auf dem Heimweg begleiten möchte. Obwohl Amir ihm nicht antwortete und einfach weiter ging, lief Kerim neben ihm her und stellte eine Frage nach der anderen. Die Hartnäckigkeit von Kerim fruchtete und plötzlich blieb Amir stehen und zeigte eine Reaktion.

Er schaute Kerim an, der gespannt und stillschweigend ihn ansah, und fragte » Warum stellst du so viele Fragen und tust so als würdest du dich für mich interessieren? «
Kerim sagte, dass er das Verhalten der anderen Kinder nicht gut finde. Außerdem sei er der Meinung, dass ihre Mitschüler sich gegenüber Amir anders verhalten würden. Sobald die anderen wissen würden, dass er so viele Sprachen könne, wären die von ihm beeindruckt.

Doch Amir erwiderte ablehnend und sagte ihm, dass er weder seine Hilfe möchte, noch mit den anderen Kindern etwas zu tun haben möchte.

» Ich hasse die ganze Welt! «

rief er und lief fort. Kerim, der wieder mal nicht weiter wusste, blieb an der Stelle stehen und schaute dem weglaufenden Amir hinterher.

Gefolgt von einem Klopfen an der Tür, kommt Claudia Hummel in das Zimmer und fragt in Richtung Amir blickend, » wie lange, denkt ihr, dauert dieses Interview noch? « Schließlich warten noch weitere Termine?

Woraufhin Amir Richtung Bianca schaut und nach einem kurzen Blickkontakt mit ihr in Richtung der Tür wendet und seiner Mentorin antwortet.
» Dauert nicht mehr lange. Ich komme in ein paar Minuten. «
Bianca stimmt dem mit einem Nicken zu.

Daraufhin schließt Claudia Hummel die Tür und lässt die beiden wieder alleine.
» Claudia Hummel, Ihre Trainerin und Mentorin, nicht wahr? Wie haben Sie sich denn kennen gelernt? «
» Für mich ist Claudia noch mehr als nur meine Trainerin bzw. Mentorin. Sie ist der Grund, warum mein Leben einen positiven Lauf bekommen hat! Man könnte sagen, dass sie mich und meine Mutter vom Abgrund geholt hat! «

» Können Sie das konkreter erläutern? « ...

Klassenausflug

Einen Tag, nachdem Amir Kerim am Straßenrand stehen lassen hatte, erinnerte Frau Specht die Klasse, dass am nächsten Tag, am 28. November, ein Ausflug zu der Eissporthalle in Frankfurt anstehe und alle bitte pünktlich kommen sollten.

Amir hatte das komplett vergessen. Wobei er es eher aus Angst, dass seine Erinnerungen an seinen Vater und dessen Tod wieder größer werden könnten, bewusst verdrängt hat. Schon die Ankündigung, dass es bei dem Ausflug in eine Eissporthalle geht, bewirkte, dass Amir an seinen Vater denken musste und der Schmerz um dessen Verlust wurde in ihm stärker und er fing an zu weinen.

Zwar hatten die Albträume mittlerweile an Häufigkeit abgenommen, aber der Zuruf seines Vaters

» Lauf um dein Leben, Amir! «

und der darauf folgende Knallgeräusch riesen ihm weiterhin ab und zu aus seinem Schlaf.

Am Nachmittag sagte er seiner Mutter, dass er am nächsten Tag nicht zum Ausflug in die Eissporthalle mitgehen möchte. Fatima verstand die Ängste Ihres Sohnes und wollte ihn nicht dazu zwingen und sagte zunächst, dass es bestimmt in Ordnung ist, wenn er mal fehlt.

Allerdings fragte sie sicherheitshalber noch Julia um ihre Meinung. Julia erklärte Fatima, dass dies eine Pflichtveranstaltung ist und er teilnehmen müsste. Dann ergänzte sie, dass Amir sich nicht immer vor dieser Angstsituation verstecken könne. Dann überzeugte sie Fatima dazu, ihren Sohn zu dem Ausflug zu schicken.

Nachdem Fatima sich von Julia überzeugen lassen hatte, erklärte sie Amir, dass dies eine Pflichtveranstaltung sei und er zu diesem Ausflug gehen müsste.

Um ihrem Sohn die Angst zu nehmen, fragte sie Amir, ob er sich an sein Gespräch mit seinem Vater erinnern würde. Wie stolz sein Vater an jenem Tag auf ihn war und er ihm in diesem Einkaufszentrum in Istanbul versprochen hatte, dass er ganz stark an diesem Sport festhalten wolle. Dann sagte sie ihm, dass sein Vater bestimmt gewollt hätte, dass Amir weiter Schlittschuh fahren würde und wieder Spaß am Leben hätte. Und Amir sollte gewiss sein, dass sein Vater ihn vom Himmel aus beobachten würde.

Während Fatima diese Worte von sich gab, erinnerte sich immer stärker an diesem Moment und dann hielt sie kurz inne und ergänzte:

» Kannst du dich noch an das erinnern, was dein Vater dir damals hinterher zugerufen hat? «

Nach kurzem Nachdenken fiel es Amir ein und er sprach den Zuruf aus

» Lauf um dein Leben, Amir! «

Während er den Zuruf sagte, hatte er einen glücklichen Gesichtsausdruck. Als würde er genau diesen Moment wiedererleben und spüren wie Stolz sein Vater auf ihn war.

Zum ersten Mal seit dem Tod seines Vaters, sprach er diese Wörter unbegleitet vom Angst und Trauer aus.

Der Gedanke, dass sein Vater das so gewollt hätte, ermunterte Amir sehr. Das sein Papa ihn beobachtete und er im Himmel traurig sein würde, falls er nicht mehr Schlittschuh laufen würde, beschäftigte Amir den ganzen Tag noch.

Am Abend beschloss er, seinen Vater glücklich und nochmal stolz zu machen und doch zum Klassenausflug in die Eisporthalle mitzugehen.

Am Morgen des Klassenausfluges erwachte Amir vor Aufregung früher als sonst und machte sich besonders schick. Er duschte und kämmte seine Haare. Dann zog er eine schwarze Stoffhose und ein weißes Hemd an. Da sein Vater ihn beobachten würde, wollte er natürlich gut aussehen. So ging er zum ersten Mal fröhlich und gut gelaunt zur Schule.

Obwohl als Treffzeitpunkt 8 Uhr ausgemacht wurde, war Amir schon um 7:30 Uhr am Eingang des Schulhofes. Die anderen Lehrer, die zur Schule kamen und Amir bis dato auch nur als einen in sich gekehrten Jungen wahrgenommen hatten, bemerkten sofort, dass sich etwas an Amir geändert hatte. Der Junge, der bis dahin nicht sprach, begrüßte die Lehrer mit einem Lächeln und den Worten

» Guten Tag «.

Amir konnte man seine Freude und Aufregung ansehen. Alle die ihn so bemerkten, nahmen an, dass
er sich sehr über diesen Klassenausflug freute. Keiner konnte ahnen, dass für diesen achtjährigen Jungen eine Verabredung mit seinem verstorbenen Vater anstand. So empfand Amir nämlich diesen Moment.

Die Klassenlehrerin und manche anderen Kinder
aus seiner Klasse bemerkten, dass sich Amirs Art
und Weise geändert hatte. Sie waren sehr verwundert. Plötzlich war dieser in sich gekehrte Junge verschwunden und ein heiter scheinender Junge war
da. Auch wenn Amir nicht mit den anderen Kindern
sprach, lächelte er die ganze Fahrt lang vor sich hin.
Die Klasse fuhr mit dem Bus zur Eissporthalle.

Angekommen in der Sporthalle, liehen sich alle
Kinder ihre Schlittschuhe aus und gingen zusammen zur Garderobe. Als Amir schon seine Schuhe
ausgezogen hatte, kam die Sportlehrerin, Frau Beck
zu Amir und versuchte ihm zu erklären, dass das auf
dem Boden Eis sei und dieses rutschig ist. Schließlich nahm sie an, dass er wohlmöglich noch nie in

seinem Leben in einer Eislaufhalle gewesen sei und das noch nie gesehen haben könnte. Dann sagte sie ihm, dass er bitte warten solle, bis sie ihn abhole, damit die beiden zusammen auf das Eis gehen könnten. Amir, der nicht verstand, warum Frau Beck ihm das gesagt hatte, war nur erstaunt und antwortete ihr gar nicht.

Während die Lehrerin mit den anderen Schülern beschäftigt war, zog Amir sich die Schlittschuhe an. Nachdem er seine Schlittschuhe anzog, konnte er es kaum erwarten auf das Eis zu gehen. Schließlich wartete sein Vater im Himmel sehnsüchtig darauf, Amir und sein Gleiten über das Eis zu sehen.

Er stand auf und lief in Richtung der Eispiste. Dabei merkte er im Augenwinkel, wie die anderen Kinder zu ihm schauten und kicherten. Sie erwarteten einen schmerzvollen Sturz dieses Asylanten, der unbedacht auf das Eis gehen würde. Die Lehrerinnen waren gerade dabei ihre eigenen Schlittschuhe zuzuschnüren und unterhielten sich dabei. So bekam keiner von Ihnen mit, dass Amir sich Richtung Eislaufbahn bewegte.

Angekommen an der Öffnung blieb Amir stehen und schloss seine Augen. Er hörte die Worte seines Vaters von jenem Tag in diesem Einkaufszentrum

» Lauf um dein Leben, Amir! «.

Dann öffnete er seine Augen und nahm das laute Gelächter der anderen Kinder wahr. Sie nahmen an, dass Amir da bemerkte, dass das gefährlich sein kann und Angst bekommen hatte. Das laute Lachen der anderen Kinder lenkte auch die Aufmerksamkeit der Lehrerinnen auf Amir. Daraufhin rief Frau Beck ihm zu, dass er dort stehen bleiben solle und ja nicht auf das Eis gehen solle.

Amir, den ein Gefühl vom Loslassen überkam, sprang auf das Eis und lief einfach los. Es schien so, als würde er mit jedem weiteren Schritt sich von seinen Schmerzen und Qualen der vergangenen Monate befreien. Das Gefühl, dass sein Vater Mohammad ihm dabei zusah, beflügelte ihn noch mehr. Und um seinen Vater glücklich zu machen, zeigte Amir gleich sein ganzes Können. Von mehreren schwungvollen Drehern hin zu den mit seinem Freund Mehmet geübten Figuren.

Zunächst wurde es leise zwischen den Schülern, die aus ihrem Staunen nicht herauskamen. Seine Sportlehrerin erstarrte vor Verwunderung. Das Schweigen der Mitschüler verwandelte sich mit jeder weiteren Drehung und jedem weiterem gelungenen Sprung in einen Beifall und Klatschen. Alle Kinder standen auf und kamen an die Bande und jubelten ihrem Mitschüler zu.

Amir, der die Reaktion seiner Mitschüler zur Kenntnis nahm, wollte jetzt allen zeigen, was er kann, und strengte sich extra noch mehr an.

Der Lärmpegel, den seine Mitschüler verursachten sorgte dafür, dass die anderen Gäste in der Halle auf Amir aufmerksam wurden. Nun waren alle Augen in der Eisporthalle auf Amir und seinen Auftritt gerichtet.

Unter den Zuschauern war auch die Jugendkoordinatorin des deutschen Eislaufverbandes, Claudia Hummel. Sie beobachtete jede einzelne Bewegung von Amir und begutachtete diese zugleich. Vor allem bemerkte sie aber das Funkeln in Amirs Augen und wie er diesen Moment und all die Aufmerksamkeit der Leute genoss.

Ungefähr eine Minute dauerte Amirs Soloauftritt. Bis die Sportlehrerin ihn zu sich rief und die anderen Schüler bat, auf das Eis zu gehen. Bevor seine Mitschüler auf das Eis gingen, applaudierten sie Amir für seine Showeinlage. Kerim kam als erster auf ihn zu und klopfte ihn an seiner Schulter und sagte nur

» Das war cool «.

Alle Beteiligten spürten, dass in diesen Minuten das Eis zwischen Amir und seinen Mitschülern gebrochen war und er in deren Augen kein Außenseiter mehr war.

Als Amir dann vor seiner Lehrerin stand, fragte sie ihn, woher er denn so toll Eislaufen könne? Amir sagte, dass er es in der Türkei gelernt habe und dass der Eiskunstlauf sein Lieblingssport sei. Dann ergänzte er, dass an zweiter Stelle Skifahren kommen würde. Die Sportlehrerin war noch verwunderter als vorher. All dieser Umstand und der Informationsfluss brachte Frau Beck noch mehr zum Staunen. Sie wusste nicht, worauf sie zuerst reagieren sollte. Sie hatte Amir zum ersten Mal reden gehört. Dann sprach dieser sonst so trostlos wirkende Junge in deutscher Sprache mit ihr und erzählte ihr, dass Eiskunstlaufen sein Lieblingssportart und Skifahren seine zweitliebste Sportart sei und er das alles in der Türkei gelernt hat. Mit einem tiefen Atmen und einem leichten Lächeln versuchte sie ihre Verwunderung zu überspielen.

In diesem Moment trat Claudia Hummel zu ihnen heran und stellte sich der Sportlehrerin vor und fragte, wer dieser kleiner Eisprinz denn sei? Und woher er so toll Eislaufen gelernt hat? Frau Beck erkannte Claudia Hummel sofort und antwortete mit einem abwertenden Belächeln gegenüber Amir » Der kleine Herr hat es bis vorhin nicht für nötig gehalten, uns von seinem Talent zu erzählen. «

» Sie haben mich doch gar nicht gefragt «, sprach Amir dazwischen und sagte

» Sie wollten mir erklären, dass das auf dem Boden Eis ist und glatt sei. «

Seiner Lehrerin merkte man an, dass sie anfing sich zu schämen und rot im Gesicht wurde.

Claudia Hummel, die diese Situation auch als sehr unangenehm empfand, wandte sich zu Amir und fragte ihn, woher er denn so toll Schlittschuh fahren könne. Was dazu führte, dass Amir ihr das erzählte und sich die Stimmung verbesserte. Amir, bei dem alle Fesseln gelöst waren, erzählte dieser nett wirkenden Dame dann, wie er in Istanbul zum Schlittschuh fahren kam und von Mehmet und Ali. Dann fragte Claudia, wer denn seine Eltern sind und wo sie die finden könnte. Plötzlich erloschen diese funkelnden Augen des kleinen Jungen. Zögernd sagte er, dass sein Vater gestorben sei und seine Mutter Fatima im Frauenheim sei.

Claudia merkte, dass dies eine unangenehme Frage war und bat Amir um Entschuldigung dafür und fragte ihn, ob er mit ihr auf das Eis gehen möchte. Amir hatte bis zu diesem Zeitpunkt, in Deutschland, keine fremde Person an sich heran gelassen, geschweige denn mit fremden Personen geredet.

Aber auf eine seltsame Art kam diese Art und Weise von Claudia Hummel gut bei Amir an. Das Funkeln in seinen Augen erstrahlte wieder. Er nickte mit einem Lächeln und machte sofort einen Schritt gen

Eispiste. Claudia ging hinterher und die beiden liefen auf dem Eis. Sie verstanden sich auf Anhieb sehr gut. Nach kurzem Gleiten um die Bahn herum fing Claudia an, einzelne Basissprünge vorzumachen und Amir machte ihr diese nach.

Nach insgesamt zwei Stunden war der Klassenausflug zu Ende und die Klasse verließ die Eisporthalle. Amir verabschiedete sich von der netten Dame und bedankte sich bei ihr für die gemeinsame Zeit und die neuen Sprünge, die sie ihm gezeigt hatte.

An der Schule angekommen, verabschiedete sich Amir schnell von allen und hetzte Richtung Frauenheim. Begeistert und sehr gut gelaunt trat er ins Frauenheim ein und konnte es kaum abwarten, diesen außergewöhnlichen Tag seiner Mutter zu erzählen.

Doch als er in das Zimmer eintrat, sah er Fatima auf dem Stuhl sitzend und über den Schreibtisch gebeugt weinen. Amir fragte seine Mutter, was geschehen sei und warum sie weinen würde. Fatima erklärte ihrem Sohn, dass der Asylantrag mit der

Begründung, der Nordirak wäre ein sicheres Territorium, abgelehnt werden soll. Dies würde bedeuten, dass sie binnen einer Woche das Land verlassen müssen.

Das Gefühl der Glückseligkeit, das Amir seit langer Zeit zum ersten Mal wieder in seinem Leben empfand, war sofort wieder verschwunden und die ihn seit geraumer Zeit begleitende Trauer und Schmerzempfindungen traten wieder an deren Stelle ein.

» Das muss ja für Sie grausam gewesen sein? An dem Tag, an dem Sie seit langer Zeit zum ersten Mal wieder Glückseligkeit gespürt haben, bekommen Sie so eine alles zerstörende Nachricht? «

Man merkte Bianca ihr aufrichtiges Mitgefühl und zugleich Aufregung an. Mit entsetzter Stimme fügte sie hinzu

» Gehört Nordirak nicht zu Irak? Wie konnte das denn als ein sicheres Gebiet erklärt werden? Wie haben Sie das alles verarbeiten können? Nach so einer positiven Stimmung muss dies doch einen sehr tiefen Fall für Ihre Psyche gewesen sein? «

Amir erwiderte mit einem sarkastischen Lächeln, » Anscheinend gehörte ein paar Monate nach der Invasion der Nordirak nicht zu Irak. Die Menschen, die das entschieden haben, hatten wahrscheinlich wenig Ahnung von der Situation vor Ort. Außerdem wurde eindeutig übersehen, dass wir ja bereits von dem als sicher eingestuften Gebiet geflohen sind. Man darf ja auch nicht vergessen, dass mein Vater auch nicht im Krieg erschossen wurde. Da fragt man sich, wie man überhaupt so eine Entscheidung, wie die Abschiebung von Menschen in eine Kriegsregion, so einfach treffen kann? Das gilt ja auch zugleich für alle Flüchtlinge aus dieser Region, die aus

108

den Ländern wie Afghanistan und später aus Syrien nach Deutschland flohen.

Das Vorsprechen war alles andere als angenehm für meine Mutter. Die Dame von der Ausländerbehörde hat sie nicht wirklich nett behandelt… «

» Ich kann Deutsch «

Nachdem die formellen Unterlagen für den Asylantrag eingereicht wurden, bekam Fatima den Termin für das Vorsprechen bei der Ausländerbehörde. Dieser fand am gleichen Tag wie die Klassenfahrt von Amir statt.

Obwohl Julia ihr angeboten hatte, sie dahin zu begleiten, wollte Fatima sie nicht noch mehr beanspruchen. Schließlich hatte sie ja schon genug für Fatima und Amir getan. Außerdem war sie ja der deutschen Sprache mächtig. So ging sie alleine zu dem Vorsprechen.

Der Termin war um 9 Uhr. Auch bei ihr war die Aufregung groß und genau wie Amir konnte sie die Nacht kaum schlafen und war auch sehr früh wach geworden. Sie machte sich früh auf den Weg und war schon um 8:15 Uhr vor der Ausländerbehörde.

Im Vorfeld hatte Fatima sich von Julia genau erklären lassen, wohin sie im Amt hin musste. Im Gebäude angekommen ging sie direkt zur zweiten Etage und nahm auf einem der Stühle vor dem Büro ihrer Sachbearbeiterin Frau Hensel Platz. Fatima blieb die nächsten 45 Minuten regungslos sitzen und versuchte keine Aufmerksamkeit auf sich zu ziehen. Sie wollte einfach nichts falsch machen und war so sehr angespannt, dass sie nicht bemerkte, dass sie eher einen verängstigten und verzweifelten Eindruck bei den an ihr vorbei gehenden Personen bewirkte.

Während Fatima dort saß und wartete, lief die Dame, von der sie annahm, dass sie ihre Sachbearbeiterin Frau Hensel ist, in das Büro rein und raus. Beim Rein und Rauslaufen warf die etwas ältere und stämmige Dame mit rotem Haar und einer Hornbrille mit leopardengemusterten Gehäuse Fatima skeptische Blicke zu.

Als es dann 9 Uhr wurde kam sie raus und schaute Fatima bitterböse an und meckerte laut
» Das kann doch nicht wahr sein «,
und wandte sich zu einer vorbei laufenden Kollegin von ihr und fuhr fort:

» Immer dasselbe mit diesen Leuten. In der Vorladung steht doch ausdrücklich Termin mit Dolmetscher wahrnehmen! Jetzt darf ich mich schon um 9 Uhr morgens mit der rumärgern! «
und deutete, während sie sprach, mit der Hand in Richtung Fatima.

Fatima die alle Äußerungen der Dame mitbekommen hatte, verstand zuerst nicht, was das Problem war und warum sich die Dame so verhalten würde. Bis zu der letzten Aussage und der Geste in ihre Richtung. Daraufhin stand sie von ihrem Stuhl ruckartig auf und sagte mit einer leicht erhöhten Stimme,
» Verzeihung, ich kann deutsch und brauche keinen Dolmetscher «
und brachte somit ihre Empörung zur Betonung!

Daraufhin fing die am Vorbeigehen gewesene Kollegin an zu kichern und lief weiter. Die Sachbearbeiterin, die vor ihrer Kollegin bloßgestellt war, wollte dies nicht auf sich sitzen lassen und fragte mit erhöhter und genervter Stimme, warum sie nicht gleich mit ihr gesprochen habe.

Schließlich sei sie mehrmals an ihr vorbei gelaufen. Sie könnte ruhig mal einen » Guten Tag « von sich geben und ergänzte, dass dies sich in Deutschland so gehöre.

Fatima war klar, dass die Dame nur ihr eigenes peinliches Benehmen und ihre abwertenden Äußerungen überspielen wollte. Allerdings war ihr auch bewusst, dass sie sich lieber nicht mit dieser unhöflichen Frau anlegen sollte. Schließlich würde genau diese ihren Asylantrag bearbeiten, und sie nahm an, dass Sympathie auch eine Rolle bei der Entscheidungsfindung spielen könnte. So entschuldigte Fatima sich sogar noch bei der Dame, dass sie nicht Guten Tag gesagt hatte.

Woraufhin die Frau, ohne einen Ton zu sagen, sich von ihr abwendete und in Richtung Büro ging. Fatima folgte ihr mit einem gesenkten Kopf in das Zimmer und hoffte insgeheim, dass die Sachbearbeiterin sich beruhigen würde.

Allerdings war anscheinend alles schon zu spät. Die Sachbearbeiterin fragte Fatima nichts und erklärte ihr nur kurz und bündig, dass sie davon ausgehen soll, dass ihr Antrag abgelehnt werde. Auf die Frage von Fatima, warum so eine Entscheidung getroffen werde, erwiderte die Dame mit einem genervten Ton, dass die Aufstände im Wesentlichen im südlichen Bereich des Iraks geführt würden und der Nordirak sicher sei. Und nach nicht mal fünf Minuten war das Vorsprechen beendet und Fatima verließ den Raum, genau wie sie rein ging, mit einem gesenkten Kopf.

Kaum dass sie das Gebäude verlassen hatte, brach sie in Tränen aus. Fatima, die sich in den letzten Tagen etwas aufgebaut hatte, war nun wieder völlig entkräftet. All das Leid und die Trauer der letzten Monate, die sie bis dahin unterdrückt hatte, brachen aus ihr raus. Sie weinte den ganzen Weg bis zum Frauenheim. Obwohl sie wusste, dass Julia auf sie warten würde, ging sie direkt, ohne sich bei ihr sehen zu lassen, in ihr Zimmer. Nachdem sie sich ihres Mantel entledigt hatte, knickte sie auf den Stuhl, am Schreibtisch, ein und rührte sich nicht. Bis Amir sie dort so weinend und aufgelöst vorfand.

Gerade als sie fertig war, Amir die schlechte Nachricht zu überbringen, klopfte es plötzlich an der

Zimmertür. Als Amir die Tür öffnete, traute er seinen Augen nicht. Die nette Dame von der Eislaufhalle, Claudia Hummel, stand vor der Tür.

Im ersten Moment wusste er nicht, wie er reagieren sollte und fragte sie noch in seiner Trauerstimmung und einem unhöflichen Ton, was sie denn wolle. Claudia sagte ihm, dass sie gerne mit seiner Mutter sprechen möchte.

Amir, der nicht wollte, dass Claudia seine Mutter so sieht, sagte ihr, dass sie nicht mit ihr sprechen möchte und sie bitte seine Mutter in Ruhe lassen solle. Und bewegte langsam die Tür, um diese zu schließen. Doch dann hielt Fatima, die mittlerweile zu der Tür kam, die Tür fest und entschuldigte sich für das Verhalten von Amir. Fatima fragte dann Amir, wer die Dame sei?

Daraufhin stellte Amir widerwillig Claudia seiner Mutter vor und erzählte ihr, woher er die Dame kenne. Nach einer hereinbittenden Geste von Fatima gingen die beiden Damen ins Zimmer und fingen an sich zu unterhalten.

Claudia stellte sich Fatima vor und erklärte ihr, dass sie die Jugendkoordinatorin des deutschen Eiskunstverbandes ist. Dann fuhr sie fort und sagte, dass sie von Amirs Talent beeindruckt sei und noch nie ein 8-jähriges Kind mit so einer Gabe und Begeisterung für das Schlittschuhlaufen gesehen habe. Sie teilte Fatima mit, dass sie gerne mit Amir trainieren würde und sein Talent fördern möchte.

Daraufhin erwiderte Fatima, dass dies nicht möglich ist. Ohne zunächst die Ablehnung des Asylantrages zu erwähnen. Zunächst dachte Claudia, dass Fatima es aus Willkür nicht erlaube und fragte mit einer ernsteren Stimme, warum das nicht möglich sei. Fatima ahnte, was Claudia in den Sinn kam.

Um einen Missverständnis zu vermeiden, erzählte sie ihr, dass es in Anbetracht der anstehenden Ablehnung des Asylantrages unmöglich erscheine. Schließlich würde sie gerne alles tun, um ihren Sohn glücklich zu sehen.

Claudia fragte daraufhin, dass sie gerne mehr wissen wollen würde und warum der Asylantrag abgelehnt wurde.

Mit einer netten doch distanzierten Haltung bedankte sich Fatima und erklärte Claudia, dass sie gerne glaube, dass ihr Interesse bestimmt aufrichtig und gut gemeint sei. Allerdings möchte sie Claudia ungern mit ihrer persönlichen Angelegenheit belasten. Während Fatima sich äußerte, sah man ihr die Haltung der stolzen Dame, die sie einst war, an. Schließlich wollte sie nach der Schmach vom Vormittag nicht noch einer anderen Frau gegenüber Schwäche zeigen.

Claudia sah Fatima ihren Stolz an. Schließlich wusste sie, dass vor ihr eine Frau stand, die aus dem Irakkrieg geflohen war und mit einem 8-jährigen Jungen alleine in einem Frauenheim lebte. Außerdem wusste sie, dass ihr Mann gestorben ist. Sie konnte nur zu gut verstehen, dass Fatima genug erlebt hat und nicht gewillt war, sich bei ihr auszuheulen.

Andererseits wollte und konnte Claudia nicht einfach locker lassen. Sie entschied sich, noch einmal mit Nachdruck zu fragen. Und stellte die Frage erneut und sagte Fatima, dass sie ihre stolze Art verstehen könne und entschuldigte sich für diese forsche und aufdringliche Art, sofern sie ihr nahe treten würde. Und dann bat sie Fatima, ihre Geschichte mit ihr zu teilen.

Mit diesen Worten brachte Claudia eine Art Vertrautheit bei Fatima hervor. Schließlich hatte sie diese Dame erst neu getroffen und sie entschuldigte sich bei ihr. So eine respektierende Haltung wurde ihr schon geraume Zeit nicht entgegen gebracht.

Fatima entschied sich nicht mehr zu distanzieren und willigte mit einem Nicken ein. Sie fing an, Claudia ihre Geschichte zu erzählen.

Dabei versuchte sie kein Detail auszulassen. Sie erzählte von ihrem vorherigen schönen wohlhabenden Leben, dem Chaos, das der Krieg im Irak hervorbrachte, ihre Erlebnisse im Irak und natürlich die Ermordung ihres Mannes vor den Augen ihres Sohnes.

Anschließend erzählte sie ihr die komplette Geschichte über ihre Einreise nach Deutschland. Ohne etwas zu vertuschen oder wegzulassen. Dies war auch das erste Mal, dass es eine Person in Deutschland so erfahren dürfte.

Und abschließend gab sie, voller Wut, die Geschehnisse des Morgens wieder. Und sagte, » nur weil ich gesagt habe, dass ich Deutsch kann, hat die Frau sich vor ihrer Kollegin blamiert und eventuell bestraft sie uns dafür so! «

An dieser Stelle Ihrer Erzählung war sie schon so aufgebracht, dass sie vor Verzweiflung weinend einknickte.

Claudia, die dem allen nicht glauben konnte, brach schon mitten in der Erzählung in Tränen aus. Dabei sah sie immer wieder zu dem neben ihr sitzenden Amir runter und versuchte, ihm mit leichten Streichelgesten über seinem Kopf ihr Mitgefühl zu verdeutlichen.

Als Fatima dann mit ihrer Erzählung zu Ende war und weinend vor ihr einknickte, beugte sie sich zu ihr und versuchte sie aufzurichten. Dann sagte sie, dass die Sachbearbeiterin so eine Entscheidung bestimmt nicht alleine treffen könne und so ein Verhalten, gegenüber einem Menschen, nicht geduldet werden dürfte.

Claudia versuchte Fatima klar zu machen, dass das Urteil ja noch nicht gefallen war. Und versuchte sie mit dem Gedanken aufzumuntern, dass es ja vielleicht doch Hoffnung geben könne. Dann bedankte Claudia sich bei Fatima dafür, dass sie ihre persönliche und intime Geschichte mit ihr geteilt und ihr dieses Vertrauen entgegengebracht hatte.

Kurz danach verabschiedete sich Claudia Hummel bei Amir und Fatima und versprach, dass sie auf jeden Fall nochmals vorbei schauen werde.

Im Nachhinein muss ich sagen, dass der Tag einer der wichtigsten Tage meines Lebens war. Schließlich war das der Tag, an dem Claudia Hummel in unser Leben eintrat. Allein das verbesserte die Stimmung. «

» Inwiefern hat dieser Besuch von Claudia Hummel für eine Verbesserung der Stimmung gesorgt bzw. den Tag für Sie zum wichtigsten Tag Ihres Lebens gemacht? Das habe ich jetzt nicht verstanden? «
Während Bianca die Frage stellte, konnte man aus Ihrem Gesicht das Unverständnis sehen.

» Sehen Sie, Frau Berger «,
begann Amir zu erklären.

» In diesem Moment war dieser Besuch für mich die Wiederbelebung der Erinnerung an den Vormittag. Diese Erinnerung hat mich kurz die Missstände vergessen lassen. Für meine Mutter war die Nachricht, dass ich seit geraumer Zeit zum ersten Mal glücklich war, mehr wert als all die Missstände in unserem Leben. Für meine Mutter zählte nur mein Wohlergehen. Außerdem muss man bedenken, dass Claudia die erste Person in Deutschland war, die sich die Mühe gemacht hat, uns aufzusuchen und

sich für unsere Geschichte interessiert hat. Manchmal reicht es auch, dass in so einer Situation eine
Person Ihnen einfach nur zuhört und Ihnen Mut
macht. Meiner Mutter hat man angesehen, dass ihr
das Erzählen gut getan hat. Genau wie unser Interview mir gerade gut tut. «
Und fügte hinzu.

» Außerdem hatte dieser Besuch auch positive Folgen, die gute Nachrichten brachten. «

Gute Nachrichten

Am nächsten Morgen ging Amir nicht in die Schule und verbrachte den Vormittag mit seiner Mutter im Zimmer. Die Tatsache, dass sie bald das Land verlassen würden, hatte Fatima dazu verleitet, diesem Fehlen in der Schule zuzustimmen.

Zwar waren sie durch den Besuch von Claudia etwas besser gestimmt, aber die Tatsache, dass sie in ein paar Tagen zurück in den Irak sollten, war trotzdem allgegenwertig. Dementsprechend war die Stimmung getrübt.

Gegen 13 Uhr klopfte es an der Tür. Amir öffnete die Tür und sah Kerim vor sich stehen.
» Was möchtest du denn hier? «,
fragte Amir.

Kerim erwiderte hektisch:
» Warum bist du nicht in die Schule gekommen? Die ganze Schule redet über dich und deine Show auf dem Eis! «

Amir konnte es nicht glauben, was er da hörte. Er, der Außenseiter, soll nun das Gesprächsthema der Schule sein und das in einer positiven Verbindung? Plötzlich war er interessant und cool für seine Mitschüler.

Fatima, die das hektische Erzählen von Kerim mitbekam, kam zu der Tür und fragte Amir, wer dieser Junge sei? Amir erzählte ihr, dass der Junge Kerim heiße und sein Klassenkamerad sei und dass seine Vorfahren aus der Türkei stammten.

Fatima freute sich sehr über den Gedanken, dass Amir somit seinen ersten Besuch eines Mitschülers bekam. Und bat ihn herein und stellte Knabbereien auf den Tisch.

Während Kerim rein kam, hörte er nicht auf zu erzählen. Desto mehr er in seiner hektischen und erfreuten Art und Weise die Geschehnisse aus der Schule erzählte, desto mehr waren Amir und Fatima über die Erzählungen erfreut.

Nach einer halben Stunde musste Kerim nach Hause gehen. Sonst würden sich seine Eltern große Sorgen um ihn machen. Sie wüssten nicht, dass er zu Amir gekommen war. Amir fragte seine Mutter, ob er Kerim nach Hause begleiten dürfte. Die mit einem Nicken und Lächeln zustimmte.

Als die beiden losgingen, entschuldigte sich Amir zunächst bei Kerim für seine vorherige unhöfliche Art und Weise ihm gegenüber. Dann gestand er, dass er das nur gemacht habe, weil er Angst hatte, Freundschaften zu schließen. Schließlich sei alles so schlimm gerade.

» Was ist denn so schlimm, Amir? «
fragte Kerim voller Neugier.

Daraufhin erzählte Amir, dass sie aus dem Irak geflohen seien und dass sein Vater dort gestorben sei. Dann erzählte er, dass der Asylantrag abgelehnt wurde und er und seine Mutter in ein paar Tagen das Land verlassen müssten.

Kerim sagte, dass er das ungerecht und doof finde und fragte, ob man nichts dagegen machen könne. Amir schüttelte nur seinen Kopf und sagte Kerim, dass er es schade findet, dass sie erst jetzt Freunde wurden. Angekommen vor der Haustür von Kerim, bedankte sich Amir nochmals bei Kerim für seinen Besuch.

Am nächsten Tag ging Amir zur Schule und wurde sofort am Eingang des Schulhofs von ein paar seiner Mitschüler umzingelt. Es schien so, als würde jeder mit Amir reden bzw. spielen wollen. Folglich war das bis dato der schönste Schultag, den Amir in Deutschland je hatte.

Dieser Schultag war wie eine kurz anhaltende Heiltherapie für Amir. Er konnte all die Schmerzen und die Traurigkeit der letzten Monate für mehrere Stunden am Stück vergessen und einfach nur ein Schulkind sein.

Als er nach der Schule zurück vor dem Frauenheim ankam, holte ihn die Realität erst vor der Tür wieder ein. Der Anblick des großen Eingangs erinnerte ihn daran, dass er wohlmöglich nur noch gerade mal ein paar Tage in Deutschland hat. Somit war auch gewiss, dass er die neugewonnenen Freundschaften wieder verlieren würde. Diese Gedanken verschlechterten seine Stimmung wieder. Mit gesenktem Kopf ging er durch die Tür in das Frauenheim herein.

Als Amir in das Zimmer hereintrat, konnte er kaum seinen Augen glauben. Claudia Hummel und seine Mutter saßen an dem Tisch und unterhielten sich glücklich. Da fragte er sofort, was denn da los sei? Die beiden Frauen waren so stark in das Gespräch vertieft, dass sie erst mit Amirs Frage bemerkten, dass er hereingetreten war.

Fatima sprang auf und lief auf Amir los und umarmte ihn ganz fest und gab ihm Küsse auf den Kopf. Dann sagte sie zu Amir, das es gute Nachrichten gebe. Amir, der irgendwie überfordert mit dieser Stimmungsschwankung bei seiner Mutter war, fragte, was denn die guten Nachrichten seien.

Daraufhin erzählte Fatima ihm, dass Claudia alles geklärt habe und sie Deutschland wahrscheinlich nicht verlassen müssten.
» Wie das denn? «
fragte Amir und schaute in Richtung Claudia.

Daraufhin sprach Claudia
» Vielleicht wäre es besser, wenn ich das erzählen darf. Falls du es gestattest, Fatima? «

» Gerne, Claudia, nachdem was du alles für uns getan hast, wäre es nur angebracht, dass du es Amir erzählst. «

Während Fatima das sagte, strahlten ihre Augen.

Dann erzählte Claudia Amir, dass sie sehr traurig war, als sie das Frauenheim verlassen hatte. Sie konnte auch an dem Abend nicht schlafen und überlegte, wie sie Fatima und Amir helfen konnte. Am nächsten Morgen fiel ihr ein, dass eine ehemalige Schulkameradin auch irgendwo in diesem Gebäude angestellt war. Woraufhin sie diese kontaktierte und ihr kurz die Geschehnisse erzählte.

Die Bekannte wusste auf Anhieb, dass die Rede von Sachbearbeiterin Frau Hensel gemeint war und erzählte Claudia, dass diese Sachbearbeiterin schon öfters negativ aufgefallen sei. Allerdings wisse sie nicht, ob sie alleine über einen Antrag entscheiden könne.

Aber sie wusste, wer der Vorgesetzte von der Sachbearbeiterin sei und empfahl Claudia, ihn mal zu kontaktieren und gab ihr die Telefonnummer durch.

Daraufhin rief Claudia den Herrn Schmidt, den Vorgesetzten von Frau Hensel, an. Nachdem sie ihren Namen sagte, wusste der Herr Schmidt, wer sie war und fragte, wie er ihr denn weiterhelfen könnte. Daraufhin erklärte Claudia kurz die Geschehnisse im Amt und bat um Unterstützung.

Herr Schmidt entschuldigte sich für das unangebrachte Verhalten seiner Kollegin und erklärte ihr, dass die Entscheidungsmacht nicht bei der Sachbearbeiterin liegen würde. Außerdem versprach er, dass dieses Verhalten eine Abmahnung mit sich bringen würde.

Getrieben von der guten Nachricht, dachte sich Claudia
» Gott sei Dank! «

Allerdings hörte sie das laute Lachen des Herrn an der anderen Seite des Telefonats. Sie hatte es nicht nur gedacht, sondern es sogar unbemerkt laut ausgesprochen.

Claudia versuchte sofort klarzustellen, dass sie sich über die Nachricht, dass die Entscheidungsmacht nicht bei der Sachbearbeiterin liege erfreute und nicht über die Abmahnung.

Herr Schmidt nahm es mit Humor und fragte, woher denn sie die Frau und ihren Jungen kennen würde. Schließlich würde es nicht jeden Tag vorkommen, dass so prominente Personen wie Claudia Hummel bei der Ausländerbehörde anrufen und sich so für einzelne Flüchtlinge einsetzten. Claudia erzählte dann von der Begegnung in der Eisporthalle und das sie so einen Talent noch nie gesehen habe.

» Dann kann ich einen ganz einfachen und bequemen Weg für den Verbleib der Familie in Deutschland zeigen «
gab Herr Schmidt von sich und fuhr fort.
» Falls der Junge so talentiert ist, wie Sie es sagen, dann können Sie seinen Verbleib in Deutschland ermöglichen «.

» Sie? «
fragte Amir, der ganz genau zugehört hatte?

» Ja, ich «,
antwortete Claudia und fuhr fort.

Aufgrund seines Talentes könnte der deutsche Eiskunstlaufverband einen Antrag auf die Einbürgerung von Amir stellen, um ihn als Nationalsportler auszubilden. Natürlich müsste Amir erst einmal vor einem Komitee Eislaufen und seinen Talent beweisen. Die Vorsitzende dieses Komitees ist Claudia Hummel selbst. Wodurch er schon eine positive Stimme hätte. Außerdem erklärte Claudia Hummel, dass sie sicher sei, dass Amir die anderen Komitee-Mitglieder auch von seinem Talent überzeugen würde.

Dann erklärte sie ihm, dass sobald Amir die deutsche Staatsbürgerschaft bekommen sollte, Fatima als seine Erziehungsberechtigte auch in Deutschland bleiben müsste. Zumindest bis er 18 Jahre alt wird und somit volljährig sein würde. Und bis dahin seien es zumindest noch 10 Jahre. In der Zwischenzeit würde Fatima bestimmt auch eine Aufenthaltsgenehmigung in Deutschland bekommen.
Losgelöst von dieser guten Nachricht sprang Amir Claudia um den Hals und umarmte sie und bedankte sich ständig.

Um weitere Komplikationen zu vermeiden, hatte Claudia Hummel einen Termin für den Auftritt vor dem Komitee schon in drei Tagen angesetzt. Natürlich hatte sie den anderen Komitee-Mitgliedern auch schon mal ihre Begeisterung von Amirs Talent mitgeteilt und somit positive Werbung für Amir gemacht.

» In drei Tagen schon? «
fragte Amir mit einer panischen Betonung.

» Ja, ich werde mit dir trainieren und du wirst das sehr gut hinbekommen. Vergiss nicht, du hast das nötige Talent jetzt schon. Und morgen nach der Schule beginnt die Vorbereitung. Bist du dabei, Amir? «

» Ja, klar! «
rief der durch die aufbauenden Worte von Claudia Hummel vor Selbstvertrauen Strotzende Amir.

An den folgenden Tagen bis zu dem Auftritt gingen Claudia und Amir jeden Tag zur Eislaufhalle und trainierten mehrere Stunden. Fatima begleitete die beiden jeden Tag mit zur Eislaufhalle und schaute dem Training zu. Fatima konnte es kaum glauben, ihr seit Monaten in sich gekehrter Sohn blühte wahrlich auf. Der kleine talentierte und begeisterte

Eisläufer war zurückgekehrt. All der Stress und das Leid der letzten Monate schienen plötzlich verschwunden zu sein. Fatima bemerkte auch, dass sie selber schon fast die Hoffnung verloren hatte, dass Amir jemals wieder der alte strahlende Junge werden könnte.

Drei Tage später war der Tag der Aufführung vor dem Komitee gekommen. Die Aufführung sollte in der Eislaufhalle stattfinden, in der auch der Tagesausflug stattfand und Amir zum ersten Mal Claudia Hummel begegnet war. Als Fatima und Amir bei der Eislaufhalle ankamen, begrüßte Claudia Hummel die beiden am Eingang. Bevor sie in die Halle eintraten, hatte Claudia Hummel noch eine Information für die beiden.

Sie teilte Amir und Fatima mit, dass sie den anderen Komitee-Mitgliedern mitteilen werde, dass sie nach der Aufführung nicht mit abstimmen werde. Amir war sehr überrascht über diese Nachricht und ihn überkam ein schauriges Gefühl, begleitet durch ein Angstgefühl. Mit beängstigter Stimme fragte er sie, » Warum, habe ich etwas Falsches getan? «
Seine Stimme wurde dabei mit jedem Wort leiser.

Claudia bemerkte die in Amir entstandene Panik. Sie kniete sich zu ihm runter und sagte

» Nein, du hast und kannst nichts Falsches getan haben, Amir «. Dann ergänzte sie

» Du bist etwas ganz Besonderes, Amir und du hast ein besonderes Talent für das Eislaufen, vergiss das bitte niemals. «

Nach diesen aufbauenden Worten erklärte Claudia Hummel ihm, dass sie sich sicher sei, dass Amir bereit war und die anderen Komitee-Mitglieder überzeugen werde. Er müsse kein Angst haben. Dadurch, dass sie selber Amir entdeckt, vorgeschlagen und vorbereitet hatte, wollte sie mit dem Verzicht auf ihre Stimme im Komitee auch jeglichen Verdacht und Zweifel an einer unabhängigen Abstimmung vermeiden. So konnte sie Amir unterstützen und ihn zugleich beschützen.

Auf diese Aussage hin war Amir erleichtert und gleichzeitig voll motiviert. Schließlich hatte Claudia Hummel ihr Vertrauen an seine Person ihm glaubwürdig mitgeteilt. So glaubte auch er daran, dass er die Komitee-Mitglieder überzeugen werde. Von diesem Moment an strahlte Amir wieder voller Selbstbewusstsein.

Nachdem sie in die Halle herein eintraten begrüßten sie die anderen Komitee Mitglieder. Während Amir sich anschließend umziehen gegangen war, teilte Claudia Hummel noch vor der Aufführung den anderen Mitgliedern mit, dass sie nicht mit abstimmen werde und erklärte auch zugleich ihre Beweggründe.

Wie sie erwartet hatte, wurde ihre Entscheidung von den anderen Komitee-Mitgliedern als eine äußerst professionelle und richtige Entscheidung empfunden und einstimmig akzeptiert.

Amir hatte Claudia Hummel erzählt, dass er damals sehr von dem russischen Olympiasieger Alexei Yagudin begeistert war. Woraufhin sie ihm vorgeschlagen hatte, bei seiner Aufführung vor dem Komitee die Choreographie von Alexei Yagudin vom Finale 2002 zu der Musik des Films
» Der Mann mit der eisernen Maske «
aufzuführen.

Im ersten Moment war Amir sehr begeistert von dieser Idee. Nachdem ihm einen kurzen Moment klar wurde, was Claudia Hummel damit meinte, bekam er kalte Füße und meinte, das könne er doch nicht. Claudia Hummel beruhigte ihn und erklärte ihm, dass sie die Choreographie natürlich mit etwas leichteren Figuren und Sprüngen darstellen werden.

Da Amir sich noch etwas an die Choreographie und die Musik erinnerte, wäre es der schnellste und einfachste Weg, etwas binnen drei Tagen vorzubereiten. Amir hatte binnen drei Tagen die von Claudia Hummel auf ihn umgestellte, zweiminutige Choreographie von Alexei Yagudin vorbereitet und jeden Schritt im genauesten einstudiert. Nachdem sich Amir umgezogen und kurz aufgewärmt hatte, waren alle Anwesenden bereit für die Aufführung von Amir. Zunächst trat Claudia Hummel vor die Komitee-Mitglieder und kündigte Amir und seine Choreographie an. Dabei bemerkte sie auch an, dass diese Choreographie binnen drei Tagen für diese Aufführung einstudiert wurde. Dann gab sie das Zeichen für den Start und die Aufführung konnte beginnen.

Es wurde still in der Halle. Alle Augen waren auf Amir gerichtet. Er blickte noch kurz zu seiner am Rande stehenden und permanent betenden Mutter. Fatima hatte die letzte halbe Stunde vor der Aufführung ein Gebet nach dem anderen innerlich aufgesagt. Zeitweise rezitierte sie diese laut, so dass Amir sie während seines Aufwärmens auf ihrer Seite der Eisbahn mitbekam. Die Anwesenheit seiner Mutter und ihre Gebete gaben Amir ein Gefühl von Sicherheit und Geborgenheit. Es fühlte sich alles richtig und machbar für ihn an.

Dann schloss Amir seine Augen und das einzige, was er in diesem Moment in seinen Gedanken noch wahrnahm konnte waren die Worte seines Vaters Mohammad:

» Lauf um dein Leben, Amir! «

Dann ging die Aufführung los und Amir begann zunächst wie Alexei Yagudin langsamen Figuren an. Dann fing er an zu gleiten und führte einen Sprung nach der anderen durch.

Wie Alexei Yagudin steppte er fechtend über das Eis. Nach zwei Minuten und ohne einen groben Fehler beendete Amir seine Vorführung. Die Reaktion, die Amir von außen bekam, hatte er so in der Form sich nicht mal in seinen Träumen vorstellen können. Alle sich in der Halle befindenden Personen standen um die Eisbahn und applaudierten und riefen ihm Lobeshymen wie

» bravo « und » super « zu.

Die Begeisterung der Zuschauer sollte sich später auch in der Bewertung widerspiegeln.

Während sich die Komitee-Mitglieder nach der Aufführung zur Entscheidungsfindung zurückzogen, warteten Fatima und Amir gespannt in der Eislaufhalle. Vor Aufregung konnte keiner von ihnen einen Ton von sich geben und somit standen sie gespannt und ohne zu reden neben der Eisbahn und warteten auf die Rückkehr der Komitee-Mitglieder. Die Entscheidungsfindung der Komitee-Mitglieder dauerte nicht lange. Die Entscheidung wurde schnell und einstimmig mit positiv getroffen. Amir wurde in die Talentschmiede des deutschen Eiskunstlaufverbandes aufgenommen und damit begannen auch offiziell die formellen Schritte für die Einbürgerung von Amir.

Dadurch stand auch endgültig fest, dass Amir und Fatima Deutschland nicht verlassen müssten.

» Da vermag man zu sagen, Ende gut alles gut «.

Während Bianca diese Redewendung von sich gibt, bemerkt Amir, dass sie sichtlich von der Erzählung gefesselt war und sich so authentisch freute, als hätte jemand ihr persönlich eine gute Nachricht mitgeteilt.

» Ja, so kann man das auch sagen. Meine Mutter hat dann auch nach drei Jahren ihren Aufenthaltstitel erhalten. «

Nach einem kurzen Schmunzeln ergänzte Amir

» Ironischerweise wurde der Aufenthaltstitel von der Sachbearbeiterin Frau Hensel bearbeitet und ausgestellt. Anscheinend war sie nach der Abmahnung sehr nett zu meiner Mutter «.

Und ergänzte:

» Und um Ihre eingangs gestellte Frage noch zu beantworten. Dies ist meine Geschichte und deswegen sage ich immer, dass Eiskunstlauf mein Leben ist! Und jedes Mal, wenn ich bei einem Wettbewerb auf das Eis gehe, fühlt es sich wie ein Treffen mit meinem Vater an. Dann schließe ich kurz vor dem Start meine Augen und nehme nur noch den Zuruf meines Vaters war «.

» Lauf um dein Leben, Amir! «